Steueroptimierte Gehaltsnebenleistungen

SCHRIFTENREIHE
FINANZ-, RECHTS- UND STEUERPRAXIS

Steueroptimierte Gehaltsnebenleistungen

unter besonderer Berücksichtigung
der neuesten Entwicklung
zum Begriff der Berufsauslagen

Erich Bosshard
Philip Funk

Band 1

Herausgeber
Wolfgang Maute
Hans-Peter Conrad
Philip Funk
Beat Walker

Cosmos Verlag

Alle Rechte vorbehalten

© 2000 by first.seminare.ag (Cosmos Verlag), 3074 Muri/Bern
Gestaltung: Atelier Noltkämper, 3098 Köniz
Satz: Satz-Team AG, 3602 Thun
Druck: Lang Druck AG, 3097 Liebefeld
Buchbinder: Rolli Werner AG, 3007 Bern

ISBN: 3-85621-150-0

Inhaltsverzeichnis

Vorwort 9
Abkürzungsverzeichnis 11

Teil 1
Gehaltsnebenleistungen als Teil der Unternehmensstrategie 15

Bedeutung der Gehaltsnebenleistungen für ein Unternehmen 16
I. Begriff und Entwicklung der Gehaltsnebenleistungen 16
II. Erscheinungsformen von Gehaltsnebenleistungen 17
III. Zielsetzung eines Unternehmens bei der Entrichtung von Gehaltsnebenleistungen 21

Vor- und Nachteile bei der Entrichtung von Gehaltsnebenleistungen 23
I. Vorteile 23
   1. Betriebswirtschaftliche Optimierung 23
      a) Nutzung bestehender betrieblicher Ressourcen 23
      b) Motivation und Bindung der Mitarbeiter 24
      c) Rationalisierung 25
   2. Sozialversicherungsrechtliche Optimierung 25
   3. Steuerrechtliche Optimierung 26
II. Nachteile 27
   1. Gefährdung der innerbetrieblichen Gleichbehandlung 27
   2. Sozialversicherungsrechtliche Nachteile 28
   3. Mehrwertsteuerrechtliche Nachteile 28
   4. Administrative Nachteile 29
   5. Schwierigkeiten bei der korrekten Deklaration des Lohnausweises 30
III. Abwägung der Vor- und Nachteile 30

Teil 2
Korrektes Ausfüllen des Lohnausweises bei Entrichtung von Gehaltsnebenleistungen 31

Vorschriften zum Ausfüllen des Lohnausweises 32
I. Bedeutung des Lohnausweises 32
II. Erläuterungen zum Lohnausweis-Formular 32
III. Deklaration von Naturalleistungen 34
   1. Grundsatz 34
   2. Geschäftswagen 34
IV. Deklaration von Ersatz für Berufsauslagen 35
V. Deklaration von Spesenvergütungen 37
   1. Allgemeines 37
   2. Fehlen eines genehmigten Spesenreglementes 38
   3. Vorliegen eines genehmigten Spesenreglementes 39

Inhaltsverzeichnis

Teil 3
Steuersparpotenzial im Bereich von Gehaltsnebenleistungen 43

Steuerrechtliche Beurteilung einzelner Gehaltsnebenleistungen 44
I. Allgemeines 44
II. Gewährung von Naturalleistungen 44
   1. Grundsatz 44
   2. Geschäftswagen 45
   3. Kost und Logis 46
III. Gewährung von verbilligten Waren oder Dienstleistungen 47
   1. Grundsatz 47
   2. Heutige Praxis der Einschätzungsbehörden 48
   3. Häufigste Erscheinungsformen 48
      a) Vereinbarung von Vorzugszinsen 48
      b) Vereinbarung eines Vorzugserwerbspreises 49
      c) Gewährung von Meilengutschriften für den Privatgebrauch 49
IV. Übernahme von Kosten durch den Arbeitgeber 50
   1. Grundsatz 50
   2. Häufigste Erscheinungsformen 51
      a) Übernahme von Versicherungsbeiträgen 51
      b) Übernahme der Wohnungsmiete 51
      c) Übernahme der Umzugskosten 52
      d) Übernahme von Schulgeldern 53
      e) Übernahme der Steuern 54
V. Finanzierung der Kaderversicherung im Bereich BVG 55
VI. Einräumung von Beteiligungsrechten 56
VII. Gewährung von Pauschalspesen 58
   1. Grundsatz 58
   2. Häufigste Erscheinungsformen 59
      a) Verpflegungspauschale 59
      b) Autopauschale 60
      c) Kleinspesenpauschale 61
      d) Repräsentationspauschale 61

Errichtung eines Spesenreglementes und dessen Genehmigung 63
I. Voraussetzungen für Genehmigung eines Spesenreglementes 63
   1. Formelle Voraussetzungen 63
   2. Materielle Voraussetzungen 63
II. Inhalt des Spesenreglementes 64
   1. Zielsetzungen des Unternehmens 64
   2. Aufbau eines Spesenreglementes 65
III. Verfahren zur Genehmigung des Spesenreglementes 66

Inhaltsverzeichnis

IV. Wirkungen der Genehmigung des Spesenreglementes 67
    1. Dispens von der Bescheinigungspflicht der effektiven Spesen 67
    2. Dispens vom Nachweis der Pauschalspesen 68
    3. Wirkungen der Genehmigung des Spesenreglementes im interkantonalen Verhältnis 68
V. Beurteilung des Steueroptimierungsspielraumes 69

Zusammenfassung 71

Teil 4
Abzugsfähige Berufsauslagen 73

Grundlagen 74
I. Rechtsgrundlagen 74
II. Begriffsdefinitionen in der Lehre 75
III. Intensität des Zusammenhangs 77
IV. Anforderungen an die Notwendigkeit der Aufwendungen 78

Arten von Berufsauslagen 81
I. Fahrtkosten 81
    1. Grundsatz 81
    2. Art des benützten Verkehrsmittels 81
    3. Faustregeln 83
II. Mehrkosten infolge der Mittagspause 83
    1. Fahrtkosten sind grösser als die Verpflegungsmehrkosten 83
    2. Fahrtkosten sind kleiner als die Verpflegungsmehrkosten 84
    3. Faustregeln 84
    4. Schwer- und Schichtarbeit 85
III. Berufsbedingte Bekleidungskosten 85
IV. Berufswerkzeuge und Fachliteratur 85
V. Kosten der beruflichen Weiterbildung 88
    1. Übersicht 88
    2. Abgrenzung von Ausbildungs- und Weiterbildungskosten 89
    3. Umschulungskosten 90
VI. Spesen bei auswärtiger Tätigkeit 91
    1. Auslagen von Reisenden 91
    2. Raumkosten 92
    3. Wochenaufenthalter 93
VII. Versicherungsprämien 94
VIII. Prozesskosten, Bussen und Konventionalstrafen 95
IX. Beitragsleistungen an Berufsverbände und Parteien 96
    1. Gewerkschaftsbeiträge 96
    2. «Mandats- oder Parteisteuern» 97

Inhaltsverzeichnis

X. Berufseinstiegskosten 97
    1. Übersicht 97
    2. Kosten der Stellensuche 98
    3. Propagandakosten 98
XI. Kosten für Haushalt und Kinderbetreuung 98
XII. Gewinnungskosten von Expatriates 101

Grundsätze des Gewinnungskostenbegriffs 103
I. Ursache und Wirkung 103
    1. Übersicht 103
    2. Variante 1: Gewinnungskosten als Ursache von Einkommen 103
    3. Variante 2: Einkommen als Ursache von Gewinnungskosten 104
II. Versuch einer Definition der Gewinnungskosten 104
III. Indizien der Gewinnungskosten 106

Anhang 1 Erläuterungen zum Lohnausweis-Formular 107
Anhang 2 Muster-Spesenreglement der ... AG 123
Anhang 3 Merkblatt zur Genehmigung von Spesenreglementen 131
Anhang 4 Richtlinien des kantonalen Steueramtes über die Berücksichtigung besonderer Berufskosten von vorübergehend in der Schweiz tätigen leitenden Angestellten und Spezialisten, Nr. 17/300 133

Literaturverzeichnis 139

Stichwortverzeichnis 141

Vorwort

Die Schriftenreihe Finanz-, Rechts- und Steuerpraxis hat zum Ziel, Praktikern einen klaren, umfassenden und leicht verständlichen Ratgeber zu diesen drei zentralen Fachgebieten in die Hand zu geben. Ein systematischer Aufbau, verbunden mit zahlreichen praktischen Beispielen, tabellarischen Übersichten und hilfreichen Checklisten soll dem Benützer den Einstieg vereinfachen und damit ein unmittelbares Nachvollziehen und Umsetzen in die Praxis ermöglichen. Bände der FIRST-Reihe sind aus diesem Grund sowohl für den Fachmann als auch für den interessierten Laien bzw. Anwender konzipiert.

Die Herausgeberschaft freut sich, dass sie als Autoren des ersten Bandes die Herren Dr. Erich Bosshard und Dr. Philip Funk gewinnen konnte. Zum ersten Mal widmet sich eine Publikation ausführlich der steuerlichen Behandlung von Gehaltsnebenleistungen (fringe benefits) im Zusammenhang mit der Abzugsfähigkeit von Berufsauslagen. Das Werk ist als Einheit zu verstehen, jedoch hat sich Herr Dr. E. Bosshard schwergewichtig den Themen *Gehaltsnebenleistungen als Teil der Unternehmensstrategie, korrektes Ausfüllen des Lohnausweises bei Entrichtung von Gehaltsnebenleistungen und Steuersparpotenzial im Bereich von Gehaltsnebenleistungen* angenommen. Dr. Ph. Funk hat vor allem den 4. Teil, der sich mit der Abzugsfähigkeit der Berufsauslagen auseinandersetzt, bearbeitet. Ein spezieller Dank gebührt Frau Annemarie Schmid und Frau Franziska Gohl, die das Manuskript mit Umsicht revidiert haben.

Wolfgang Maute
Hans-Peter Conrad
Philip Funk
Beat Walker

Abkürzungsverzeichnis

aArt.	alter Artikel
Abs.	Absatz
AG	Kanton Aargau
AGVE	Aargauische Gerichts- und Verwaltungsentscheide, Aarau
AHV	Alters- und Hinterlassenenversicherung
AJP	Aktuelle Juristische Praxis, Lachen
ALV	Arbeitslosenversicherung
a. M.	anderer Meinung
Art.	Artikel
ASA	Archiv für Schweizerisches Abgaberecht, Bern
Aufl.	Auflage
Bd.	Band
BdBSt	Bundesbeschluss über die Erhebung einer direkten Bundessteuer vom 9. Dezember 1940, (SR 642.11), in Kraft bis 31. Dezember 1994
BGE	Entscheide des Schweizerischen Bundesgerichts, Amtliche Sammlung
BL	Kanton Baselland
BlStPr	Basellandschaftliche Steuerpraxis, Basel
BStPra	Basellandschaftliche und Baselstädtische Steuerpraxis, Basel
BU	Berufsunfall
BVG	Bundesgesetz über die berufliche Alters-, Hinterlassenen- und Invalidenvorsorge vom 25. Juni 1982 (SR 831.40)
BVR	Bernische Verwaltungsrechtsprechung, Entscheide und Abhandlungen zum bernischen Verwaltungsrecht, Bern
bzw.	beziehungsweise
ca.	circa
d.h.	das heisst
DBG	Bundesgesetz über die direkte Bundessteuer vom 14. Dezember 1990 (SR 642.11)
EFD	Eidgenössisches Finanzdepartement
eidg.	eidgenössisch
EO	Erwerbsersatzordnung
EStV	Eidgenössische Steuerverwaltung, Bern
etc.	et cetera
f.	und der (die) folgende
ff.	und folgende
FN	Fussnote
Form.	Formular
FR	Kanton Fribourg
Fr.	Franken
GE	Kanton Genf

Abkürzungsverzeichnis

GL	Kanton Glarus
i. d. R.	in der Regel
i. e. S.	im engeren Sinne
inkl.	inklusive
IV	Invalidenversicherung
i. w. S.	im weiteren Sinne
lit.	litera
max.	maximal
m. E.	meines Erachtens
MWSTV	Verordnung über die Mehrwertsteuer vom 22. Juni 1994
N	Note
NBU	Nichtberufsunfall
NBW	Obligatorische Nichtberufsunfallversicherung
NE	Kanton Neuenburg
NStP	die neue Steuerpraxis, Monatsschrift für bernisches und eidgenössisches Steuerrecht, Bern
Nr.	Nummer(n)
OR	Bundesgesetz über das Obligationenrecht vom 30. März 1911 (SR 220)
OW	Kanton Obwalden
PVG	Praxis des Verwaltungsgerichtes des Kantons Graubünden
RB	Rechenschaftsbericht des Verwaltungsgerichts des Kantons Zürich an den Kantonsrat
RKE	Entscheid der Rekurskommission bzw. des Steuerrekursgerichts
Rz	Randziffer
S.	Seite
SG	Kanton St. Gallen
SO	Kanton Solothurn
SR	Systematische Sammlung des Bundesrechts
ST	Der Schweizer Treuhänder, Zürich
StE	Der Steuerentscheid, Sammlung aktueller steuerrechtlicher Entscheidungen, Basel
StR	Steuer Revue, Bern
StGB	Schweizerisches Strafgesetzbuch vom 21. Dezember 1937 (SR 311)
StHG	Bundesgesetz über die Harmonisierung der direkten Steuern der Kantone und Gemeinden vom 14. Dezember 1990 (SR 642.14)
SZ	Kanton Schwyz
USA	United States of America
v. a.	vor allem
vgl.	vergleiche

Abkürzungsverzeichnis

VS	Kanton Wallis
WStB	Bundesratsbeschluss vom 9. Dezember 1940 über die Erhebung einer Wehrsteuer (SR 642.11), neu: BdBSt
z.B.	zum Beispiel
ZBl	Schweizerisches Zentralblatt für Staats- und Verwaltungsrecht, Zürich
ZH	Kanton Zürich
Ziff.	Ziffer
ZStP	Zürcher Steuerpraxis, Zürich
z.T.	zum Teil

Teil I

Gehaltsnebenleistungen als Teil der Unternehmensstrategie

Bedeutung der Gehaltsnebenleistungen für ein Unternehmen

I. Begriff und Entwicklung der Gehaltsnebenleistungen

Seit geraumer Zeit überprüfen vermehrt auch schweizerische Unternehmen ihre Lohnkonzepte und erwägen – neben den üblichen Repräsentationsspesen für leitende Angestellte – die Entrichtung weiterer Gehaltsnebenleistungen. Diese Entwicklung wurde teilweise von ausländischen Unternehmen beeinflusst, die gewisse Gehaltsnebenleistungen bereits in der Vergangenheit als festes und wichtiges Element ihres Lohnkonzeptes eingeführt haben. Bekanntestes Beispiel ist wohl die im angelsächsischen Raum (v. a. USA) weitverbreitete Einräumung von Beteiligungsrechten in Form von Aktien oder Optionen an leitende Angestellte, die zu teilweise spektakulären Gesamtgehaltsbezügen von mehr als hundert Millionen Dollar geführt hat. Eine andere, im Ausland (v. a. Deutschland) ebenfalls weitverbreitete Gehaltsnebenleistung des Arbeitgebers ist die Zurverfügungstellung eines Geschäftswagens für den privaten Gebrauch des Mitarbeiters[1].

Im Zuge der Globalisierung und der damit verbundenen Notwendigkeit, neben schweizerischen Führungskräften auch ausländische leitende Angestellte und Spezialisten zu rekrutieren, sind nun verschiedene Unternehmen, v. a. im Banken- und Versicherungsbereich, dazu übergegangen, die Gesamtbezüge ihrer Arbeitnehmer in den eigentlichen Barlohn einerseits und verschiedene Zusatzleistungen (Gehaltsnebenleistungen) anderseits aufzuteilen. Ein erster Schritt in diese Richtung bildet oft die zunehmende Gewichtung des Bonusanteils innerhalb des Barlohnes.

---

[1] *Die relativ schwache Verbreitung von Geschäftswagen in der Schweiz dürfte – neben der allgemeinen Zurückhaltung im Bereich von Gehaltsnebenleistungen – auch auf äussere Umstände (fehlende Automobilindustrie) zurückzuführen sein.*

Bedeutung der Gehaltsnebenleistungen für ein Unternehmen

Generell gilt, dass die Lohnkonzepte zunehmend flexibilisiert und individualisiert werden.

Ziel der nachfolgenden Ausführungen ist es, neben einer Übersicht über den heutigen Stand in der Schweiz insbesondere auch die Vor- und Nachteile der einzelnen Gehaltsnebenleistungen darzulegen. Dabei spielt die steuerrechtliche Optimierung oft eine wichtige, keineswegs aber eine alleinbestimmende Rolle. Neben der Steueroptimierung sind stets auch noch weitere Gesichtspunkte beim Entscheid einer Unternehmung über die Entrichtung von Gehaltsnebenleistungen zu beachten[2]. Als Gehaltsnebenleistung im Sinne der nachfolgenden Ausführungen werden dabei alle Leistungen des Arbeitgebers an den Arbeitnehmer verstanden, die ihren Ursprung im Arbeitsverhältnis haben und nicht in Form einer (steuerpflichtigen) Barvergütung[3] erfolgen. Als Gehaltsnebenleistungen gelten dabei nicht nur direkte Zuwendungen des Arbeitgebers an den Arbeitnehmer, sondern auch Leistungen, die der Arbeitgeber für oder anstelle seines Arbeitnehmers an eine Drittperson erbringt (z.B. Abschluss eines Miet- oder Versicherungsvertrages des Arbeitgebers für seinen Arbeitnehmer).

II. Erscheinungsformen von Gehaltsnebenleistungen

Die Gehaltsnebenleistungen werden den Arbeitnehmern in verschiedenen Erscheinungsformen ausbezahlt; der Kreativität sind diesbezüglich keine Grenzen gesetzt. Es

---

[2] Vgl. dazu nachfolgend S. 21 ff.
[3] Barvergütungen in diesem Sinne sind einerseits das Fixsalär inkl. Zulagen etc. und andersseits der Bonus, der oft in Abhängigkeit der individuellen Leistung des Mitarbeiters oder des Gesamtgeschäftsergebnisses ausbezahlt wird.

Bedeutung der Gehaltsnebenleistungen für ein Unternehmen

ist deshalb damit zu rechnen, dass auch in Zukunft in diesem Bereich die Entwicklung nicht stehen bleiben wird und neue Erscheinungsformen von Gehaltsnebenleistungen auftauchen werden[4]. Grob betrachtet lassen sich die Gehaltsnebenleistungen in folgende vier Kategorien einordnen:

- *Entrichtung von Naturalleistungen*

Oft werden Gehaltsnebenleistungen in der Form entrichtet, dass dem Arbeitnehmer anstelle einer Lohnzahlung eine Naturalleistung zukommt. Als Gehaltsnebenleistungen in diesem Sinne gelten z.B.:
  - Kost und Logis (v. a. im Gastgewerbe);
  - Weitergabe von (geschäftlich erflogenen) Meilengutscheinen an Vielflieger für den privaten Gebrauch (v. a. bei international tätigen Firmen);
  - Zurverfügungstellung eines Geschäftswagen für den Privatgebrauch;
  - Abgabe von unentgeltlichen oder verbilligten Konzert- oder Sporteintrittskarten;
  - Möglichkeit der unentgeltlichen oder verbilligten Mitgliedschaft bei Sport-, Fitness- oder andern Clubs;
  - Zurverfügungstellung eines Privatparkplatzes oder einer Garage beim Arbeitsplatz;
  - Möglichkeit der Kantinenverpflegung im Geschäft zu reduzierten Preisen.

- *Übernahme von Auslagen anstelle des Arbeitnehmers durch den Arbeitgeber*

Oft werden Gehaltsnebenleistungen dadurch entrichtet, dass der Arbeitgeber Kosten des Arbeitnehmers an des-

---

[4] *Eine Gehaltsnebenleistung, die z.B. in jüngster Zeit stark an Bedeutung gewonnen hat, ist die Überlassung von geschäftlich erflogenen Meilengutscheinen an die Mitarbeiter für deren Privatgebrauch.*

Bedeutung der Gehaltsnebenleistungen für ein Unternehmen

sen Stelle bezahlt oder an dessen Stelle einen Vertrag mit einer Drittperson abschliesst, der Arbeitnehmer aber Empfänger der Leistungen dieser Drittperson ist. Als Gehaltsnebenleistungen in diesem Sinne gelten z.B.:
- Übernahme der Vertragsverpflichtung oder Leistung von Beiträgen durch den Arbeitgeber für *Versicherungsprämien* des Arbeitnehmers (z.B. Kaderversicherung);
- Übernahme der Vertragsverpflichtung oder Leistung von Beiträgen durch den Arbeitgeber für *Umzugskosten* eines Arbeitnehmers (v. a. bei ausländischen Spezialisten);
- Übernahme der Vertragsverpflichtung oder Bezahlung der *Miete* für die Wohnung des Arbeitnehmers (v. a. bei ausländischen Spezialisten);
- Übernahme der Vertragsverpflichtung oder Leistung von Beiträgen durch den Arbeitgeber für *Schulgelder* des Arbeitnehmers (v. a. für Kinder ausländischer Spezialisten, die für eine bestimmte Zeit in die Schweiz kommen);
- Übernahme der Vertragsverpflichtung oder Leistung von Beiträgen durch den Arbeitgeber für *Abonnemente* von Zeitungen und Zeitschriften des Arbeitnehmers;
- Übernahme der Vertragsverpflichtung oder Leistung von Beiträgen durch den Arbeitgeber für private *Telefon-, Fax- und Internetanschlüsse*.

- *Verkauf von Waren oder Dienstleistungen des Arbeitgebers an den Arbeitnehmer zu einem Vorzugspreis*

Oft werden Gehaltsnebenleistungen dadurch entrichtet, dass der Arbeitgeber seinem Mitarbeiter Waren oder Dienstleistungen, die ihm aufgrund seiner unternehmerischen Tätigkeit ohnehin zur Verfügung stehen, zu einem verbilligten Preis zukommen lässt. Als Gehaltsnebenleistungen in diesem Sinne gelten z.B.:

Bedeutung der Gehaltsnebenleistungen für ein Unternehmen

- Einräumung von *vergünstigten Versicherungsprämien* oder *zinsgünstigen Darlehen* (v. a. durch Versicherungsgesellschaften und Banken);
- Einräumung eines *Vorzugspreises* beim Kauf eines Firmenprodukts (z.B. Möglichkeit zum Kauf von Firmenwaren mit einem prozentualen Einschlag);
- Überlassung betrieblicher Waren oder Dienstleistungen, die dem Arbeitgeber *keine Kosten* verursacht (z.B. unentgeltliche oder verbilligte Flüge für Personal einer Fluggesellschaft, sofern noch freie Plätze im Flugzeug erhältlich; Erlass der monatlichen Telefonanschlusskosten für Angestellte einer Telefonbetreibergesellschaft);
- Möglichkeit, Geschäftsreisen mit privaten Ferien zu verbinden, wobei der Angestellte lediglich die *Zusatzkosten* für allfällige weitere Flugtickets oder Übernachtungen übernehmen muss.

- *Übrige Gehaltsnebenleistungen, die nicht als eigentlicher Barlohn vergütet werden*

Neben den vorerwähnten drei Kategorien werden Gehaltsnebenleistungen oft dadurch entrichtet, dass der Arbeitnehmer neben dem eigentlichen Barlohn eine pauschale Entschädigung für mutmassliche Spesenauslagen erhält. Eine betragsmässig sehr bedeutende Gehaltsnebenleistung ist ferner die Einräumung von in der Verfügbarkeit eingeschränkten Beteiligungsrechten. Als Gehaltsnebenleistungen in diesem Sinne gelten z.B.:

- Pauschale Entschädigung für *Autokosten*, die dem Arbeitnehmer aufgrund der geschäftlichen Verwendung seines Privatwagens erwachsen;
- Pauschale Entschädigung für Kleinauslagen, die dem Arbeitnehmer auf Geschäftsreisen erwachsen;
- Pauschale Entschädigung für *Repräsentationsauslagen;*
- Einräumung von *Beteiligungsrechten* (Aktien, Optionen etc.).

III. Zielsetzung eines Unternehmens bei der Entrichtung von Gehaltsnebenleistungen

Die Zunahme der Entrichtung von Gehaltsnebenleistungen in der Schweiz beruht auf der Notwendigkeit der Unternehmen, ihren Arbeitnehmern und vor allem ihren leitenden Angestellten bzw. ausgewählten Spezialisten attraktive Arbeitsbedingungen präsentieren zu können. Trotz der abnehmenden Arbeitslosigkeit in der Schweiz leiden nämlich auch heute noch viele Unternehmen an einem Mangel an qualifizierten Führungskräften bzw. Fachspezialisten, v. a. im Informatikbereich. Die Unternehmen sind deshalb teilweise gezwungen, im Sinne der Verbesserung ihrer Konkurrenzfähigkeit auf dem Arbeitsmarkt ihre Arbeitsbedingungen den Wünschen und Bedürfnissen dieser Arbeitnehmer anzupassen. Dabei spielen neben der Höhe des eigentlichen Barlohnes (Fixlohn und Barbonus) die Gehaltsnebenleistungen eine wichtige Rolle.

Im Bestreben, ihre Attraktivität als Arbeitgeber zu steigern, sind nun allerdings gewisse Unternehmen dazu übergegangen, ihren Arbeitnehmern Gehaltsnebenleistungen einzuräumen, ohne sich vorher über deren Auswirkungen und auch deren Nachteile vollumfänglich Rechenschaft abzulegen. Dies gilt insbesondere auch für die steuerrechtlichen Belange, die nicht nur den Unternehmen selber, sondern vielmehr auch den Steuerberatern und Treuhändern teilweise unklar sind. Oft werden – gerade mit der Absicht einer vorgeblichen Steueroptimierung – arbeitsvertragliche Vereinbarungen abgeschlossen, die (aufgrund der Bestimmungen des Steuerrechts bzw. der Praxis der jeweiligen Steuerverwaltung) nicht nur dieses Ziel verfehlen, sondern gar zusätzliche Nachteile für den Arbeitgeber zur Folge haben. Es ist daher unerlässlich, dass sich jedes Unternehmen vor der

Bedeutung der Gehaltsnebenleistungen für ein Unternehmen

Beschlussfassung über die Entrichtung von Gehaltsnebenleistungen umfassend Rechenschaft über deren Vor- und Nachteile ablegt und dabei die gesamte Steuerrechts- und Sozialversicherungsrechtsordnung miteinbezogen wird.

Vor- und Nachteile bei der Entrichtung von Gehaltsnebenleistungen

I. Vorteile

1. Betriebswirtschaftliche Optimierung

a) Nutzung bestehender betrieblicher Ressourcen
Eine bereits in der Vergangenheit häufig aufgetretene Erscheinungsform der Entrichtung von Gehaltsnebenleistungen ist die Zurverfügungstellung bestehender betrieblicher Ressourcen des Arbeitgebers an den Arbeitnehmer. Es ist offensichtlich von erheblichem Vorteil für den Arbeitgeber, wenn er seinen Arbeitnehmern einen Teil des Gehaltes dadurch zukommen lassen kann, dass er ihnen bestehende betriebliche Ressourcen gratis oder verbilligt zur Verfügung stellt. In der Regel erwachsen ihm nämlich dadurch (praktisch) keine zusätzlichen Kosten. Zu denken ist dabei an das bekannte Beispiel der Swissair-Angestellten, die zu erheblich verbilligten Preisen Flugreisen buchen können, sofern auf dem vom Mitarbeiter gewünschten Flug noch ein freier Platz erhältlich ist (Priorität der Kunden). Zu denken ist aber auch an all die weiteren Fälle, in denen Arbeitgeber Waren oder Dienstleistungen, die sie selber verkaufen, ihren Arbeitnehmern zu Vorzugskonditionen zukommen lassen. Bekanntestes Beispiel sind wohl die zinsgünstigen Kredite von Banken bzw. die vergünstigten Versicherungsprämien von Versicherungsgesellschaften für ihre Mitarbeiter.

Diese Vorzugskonditionen werden dadurch ermöglicht, dass der Arbeitgeber diese Waren oder Dienstleistungen selber zu einem Preis erwirbt oder herstellt, der unter demjenigen Preis liegt, den eine Drittperson für den Erwerb dieser Dienstleistung oder Ware bezahlen müsste. Als weiterer Vorteil neben der Kosteneinsparung durch den Unternehmer und einer allfälligen Steueroptimierung[5]

---
[5] Zur Frage der Steuerbarkeit vgl. nachfolgend S. 44 ff.

Vor- und Nachteile bei der Entrichtung von Gehaltsnebenleistungen

wird eine zusätzliche Bindung des Arbeitnehmers an das Unternehmen erreicht. Der Vorteil ist umso grösser, je unentbehrlicher die vom Arbeitgeber zu Vorzugskonditionen angebotenen Waren oder Dienstleistungen für das tägliche Leben sind.

b) Motivation und Bindung der Mitarbeiter
Ein bedeutender Gesichtspunkt bei der Einräumung von Gehaltsnebenleistungen ist die Erwartung einer gesteigerten Motivation und Firmentreue der Mitarbeiter. Dieses Element kommt v. a. dann zum Tragen, wenn der Arbeitgeber dem Arbeitnehmer Leistungen zukommen lässt, deren Höhe entweder in irgendeiner Form von der Höhe des Gesamtergebnisses des Unternehmens bzw. der persönlichen Leistung des Mitarbeiters abhängig ist, oder die an ein längerfristiges Verbleiben des Arbeitnehmers im Unternehmen gebunden sind. Diese Bindungswirkung spielt v. a. eine Rolle bei der Einräumung von Gehaltsnebenleistungen in Form von Aktien oder Optionen mit einer Sperrfrist im Bereich der Kaderversicherung.

Es ist offensichtlich, dass angesichts der bekannten Probleme bei der Personalrekrutierung und der hohen Kosten, welche die Einarbeitung eines neuen Mitarbeiters einem Unternehmen verursacht, die Bindung der Mitarbeiter an den Arbeitgeber und die damit verbundene Motivation bzw. Identifikation des Arbeitnehmers mit dem Unternehmen von vorrangiger Bedeutung sind. Dieses Ziel wird deshalb nicht nur mittels der Entrichtung von Gehaltsnebenleistungen, sondern auch mit Lohnmodellen anvisiert, bei denen die Länge der Zugehörigkeit zum Unternehmen für die Salarierung von ausschlaggebender Bedeutung ist[6].

---

[6] *Eines der bekanntesten Beispiele ist wohl die Zeitschrift «Der Spiegel», der ein an die Unternehmenszugehörigkeit gekoppeltes Lohnmodell hat.*

Vor- und Nachteile bei der Entrichtung von Gehaltsnebenleistungen

Ein nicht zu unterschätzender Vorteil bei der Entrichtung gewisser Gehaltsnebenleistungen ist der damit verbundene Prestigewert. Dies gilt z.B. für den Bereich der Pauschalspesen und die Zurverfügungstellung eines Geschäftswagens, dessen Anschaffungspreis bis zu einem Grad auch die Wertschätzung des Unternehmens für diesen Arbeitnehmer gegen aussen dokumentiert. Generell gilt, dass Gehaltsnebenleistungen neben ihrem materiellen Wert oft auch einen emotionalen Wert aufweisen. Dieser emotionale Wert ist Fluch und Segen zugleich, da eine unausgewogene Gewährung von Gehaltsnebenleistungen leicht die innerbetriebliche Harmonie gefährden kann[7].

c) *Rationalisierung*
Ein wichtiger Grund für die Einräumung gewisser Gehaltsnebenleistungen ist die Rationalisierung und die damit verbundene Entlastung der Mitarbeiter bzw. der Personaladministration. Diese Vorteile spielen v. a. bei der Entrichtung von Pauschalspesen eine Rolle, durch die einerseits der Arbeitnehmer von der aufwändigen Sammlung von Kleinbelegen bzw. der Führung eines Bordbuches entlastet wird und anderseits auch das Unternehmen auf die zeit- und kostenintensive Kontrolle solcher Kleinspesenabrechnungen verzichten kann.

2. Sozialversicherungsrechtliche Optimierung
Bei der Entrichtung von Gehaltsnebenleistungen wird oft auch das Ziel einer sozialversicherungsrechtlichen Optimierung anvisiert. Es ist offensichtlich, dass es im Interesse des Unternehmens ist, die teilweise erheblichen sozial-

---
[7] Vgl. dazu nachfolgend S. 27 f.

Vor- und Nachteile bei der Entrichtung von Gehaltsnebenleistungen

versicherungsrechtlichen Belastungen zu vermindern. Zu denken ist dabei an die Sozialabgaben im Bereich
- AHV und IV
- ALV und EO
- BU/NBU
- BVG

Zumindest in der Phase der Erwerbstätigkeit ist die Verminderung der Sozialabgaben auch für den Arbeitnehmer von Vorteil, weshalb er oft mit entsprechenden Lohnmodellen einverstanden ist. Nachteile ergeben sich allerdings unter Umständen, wenn er die Arbeitstätigkeit unerwartet beenden muss[8].

3. Steuerrechtliche Optimierung

Oft bildet das Ziel einer steuerrechtlichen Optimierung den Hauptgrund für die Entrichtung von Gehaltsnebenleistungen. Bei der Beurteilung der Attraktivität eines Arbeitsplatzes spielt – zumindest für den Arbeitnehmer – die steuerliche Belastung mit eine tragende Rolle. Es ist offensichtlich, dass ein Unternehmen gegenüber seinen Mitkonkurrenten einen Wettbewerbsvorteil auf dem Arbeitsmarkt hat, wenn es in der Lage ist, seinen Angestellten Leistungen zukommen zu lassen, die steuerlich nicht erfasst oder privilegiert werden. Aus diesem Grund werden z.B. arbeitsvertragliche Vereinbarungen getroffen, die dem Arbeitnehmer neben dem Grundgehalt noch einen kostspieligen Geschäftswagen und hohe Pauschalspesen gewähren. Gerade in einer Zeit, in der ein Mangel an Führungskräften und qualifizierten Spezialisten besteht, wächst in den Unternehmen der Druck, die Gehaltsnebenleistungen der leitenden Angestellten steuerlich zu optimieren. Bei all diesen Bestrebungen gilt es indessen, die gesetzlichen Be-

---

[8] Vgl. dazu nachfolgend S. 28.

Vor- und Nachteile bei der Entrichtung von Gehaltsnebenleistungen

stimmungen zu beachten. Es wird nachfolgend darzulegen sein[9], dass dem Steueroptimierungsspielraum enge Grenzen gesteckt sind und viele Modelle ihr Ziel nicht erreichen. Die Unternehmen laufen deshalb oft Gefahr, entweder gesetzliche Bestimmungen zu verletzen oder die Problematik der Besteuerung einzelner Leistungen lediglich auf einen späteren Zeitpunkt zu verschieben.

II. Nachteile

1. Gefährdung der innerbetrieblichen Gleichbehandlung

Ein wesentliches, von jedem Unternehmen bei der Ausarbeitung seines Gehaltsgefüges zu beachtendes Element ist die Gleichbehandlung der Mitarbeiter. Aufgrund der bisher gemachten Erfahrungen kann festgestellt werden, dass die Wahrung der innerbetrieblichen Gleichbehandlung gerade dann besonders schwer fällt, wenn neben dem eigentlichen Barlohn (Fixlohn und Bonus) noch zusätzliche Gehaltsnebenleistungen entrichtet werden. Der Grund dafür liegt einerseits darin, dass gewisse Gehaltsnebenleistungen nicht immer einfach zu quantifizieren sind (z.B. Überlassung betrieblicher Ressourcen für den Privatgebrauch), und anderseits darin, dass gewissen Gehaltsnebenleistungen ein emotionaler Prestigewert zugemessen wird (z.B. die Zurverfügungstellung eines Geschäftswagens). Es hat sich gezeigt, dass z.B. die Entrichtung von Pauschalspesen innerbetrieblich oft Anlass für Diskussionen um den Kreis der Anspruchsberechtigten oder die Höhe der Pauschalspesen ist und die Mitarbeiter sich innerhalb des Unternehmens, aber auch mit gleichrangigen Angestellten von Konkurrenzfirmen vergleichen. Unternehmen,

---
[9] Vgl. nachfolgend S. 44 ff.

Vor- und Nachteile bei der Entrichtung von Gehaltsnebenleistungen

die Gehaltsnebenleistungen entrichten, sind daher gut beraten, wenn sie diesem Element der Gleichbehandlung der Mitarbeiter das notwendige Gewicht zumessen und bei offensichtlichen innerbetrieblichen Schwierigkeiten allenfalls auch bereit sind, auf eine bestimmte Gehaltsnebenleistung vollumfänglich zu verzichten.

2. Sozialversicherungsrechtliche Nachteile

Es wurde bereits dargelegt, dass die Entrichtung gewisser Gehaltsnebenleistungen im Bereich der Sozialversicherung eine gewisse Entlastung zu Folge haben kann und deshalb im Moment der Auszahlung sowohl für den Arbeitgeber als auch den Arbeitnehmer von Vorteil ist. Dieser vermeintliche Vorteil erweist sich aber für den Arbeitnehmer als Nachteil, wenn er in die Lage kommt, dass er von seinen Sozialversicherungsleistungen profitieren muss. Dies ist neben dem Erreichen des eigentlichen Rentenalters insbesondere bei Arbeitslosigkeit der Fall. Gerade in jüngster Vergangenheit, in der rezessionsbedingt Arbeitnehmer teilweise unerwartet arbeitslos wurden, zeigten sich die Nachteile gewisser Arbeitsvertragsvereinbarungen, in denen das versicherte Gehalt (zu) tief festgesetzt wurde. Es ist daher darauf hinzuweisen, dass eine vordergründige Optimierung mittels Einräumung hoher Pauschalspesen zu einem späteren Zeitpunkt für den Arbeitnehmer im Bereich der Sozialversicherung Nachteile haben kann.

3. Mehrwertsteuerrechtliche Nachteile

Die Entrichtung von Gehaltsnebenleistungen muss stets innerhalb der gesamten Rechtsordnung betrachtet werden und z.B. auch auf Nachteile bei der Mehrwertsteuer untersucht werden. Dies bezieht sich insbesondere auf Verpflegungsentschädigungen anlässlich von Geschäftsreisen (Mittag- und Abendessen), die vom Unternehmen in Form

Vor- und Nachteile bei der Entrichtung von Gehaltsnebenleistungen

einer *Pauschale* und unter Verzicht auf Einreichung des entsprechenden Beleges durch den Mitarbeiter entrichtet werden. Gemäss Art. 28 der Verordnung über die Mehrwertsteuer (MWSTV) ist nämlich für die Geltendmachung des halben Vorsteuerabzuges die Einreichung des gesetzeskonformen Beleges notwendig. Unternehmen, die aus Rationalisierungsgründen ihren Mitarbeitern Verpflegungspauschalen entrichten, gehen deshalb des hälftigen Vorsteuerabzuges verlustig. Dieser Aspekt ist von allen Unternehmen mitzuberücksichtigen, welche die Absicht haben, an Stelle der – mittels Quittungen nachgewiesener – *effektiven* Verpflegungskosten Verpflegungs*pauschalen* zu entrichten und er kann dazu führen, dass trotz unbestrittener Vorteile auf eine solche Pauschalierung verzichtet wird.

4. Administrative Nachteile

Oft bringt die Entrichtung von Gehaltsnebenleistungen für das Unternehmen einen erheblichen Mehraufwand mit sich. Dies gilt vor allem für die Einräumung von Naturalleistungen, wie z.B. die Zurverfügungstellung eines Geschäftswagens. Das Unternehmen ist in solchen Fällen gezwungen, zusätzliche administrative Arbeiten zu erledigen, die ausserhalb ihrer eigentlichen Kernaktivität stehen. So muss z.B. ein Unternehmen, das seinen Mitarbeitern einen Geschäftswagen zur Verfügung stellt, diesen Wagenpark bewirtschaften und es müssen Lösungen gefunden werden für Arbeitnehmer, die neu zum Unternehmen stossen, aber bereits einen Privatwagen haben, oder für Mitarbeiter, denen ein Geschäftswagen eingeräumt wurde und nun das Unternehmen verlassen. Diese administrativen Mehrbelastungen sind mit ein Grund, weshalb Klein- und Mittelbetriebe oft und zu Recht auf die Entrichtung gewisser Gehaltsnebenleistungen verzichten, obwohl diese unbestrittenermassen ihre Attraktivität als Arbeitgeber steigern würden.

Vor- und Nachteile bei der Entrichtung von Gehaltsnebenleistungen

5. Schwierigkeiten bei der korrekten Deklaration des Lohnausweises

Die Entrichtung von Gehaltsnebenleistungen bringt in jedem Fall eine Komplizierung für das Personalwesen mit sich. Diese Komplizierung manifestiert sich – neben dem administrativen Mehraufwand – v. a. in der Schwierigkeit der korrekten Deklaration solcher Gehaltsnebenleistungen im Lohnausweis[10]. Aufgrund der gemachten Erfahrungen muss davon ausgegangen werden, dass in vielen Fällen die Lohnausweise nicht korrekt ausgefüllt werden, wenn Unternehmen neben dem eigentlichen Barlohn zusätzliche Gehaltsnebenleistungen entrichten.

III. Abwägung der Vor- und Nachteile

Auf die Frage, ob und welche Gehaltsnebenleistungen ein Unternehmen seinen Mitarbeitern zukommen lassen soll, lässt sich keine allgemein gültige Antwort geben. Jedes Unternehmen ist vielmehr gezwungen, für sich eine umfassende Abwägung aller Vor- und Nachteile vorzunehmen. Generell kann festgehalten werden, dass bei kleinen Gesellschaften die administrativen Nachteile oftmals überwiegen und deshalb von Gehaltsnebenleistungen eher abzuraten ist. In einer andern Situation befinden sich Grossunternehmen, die in der Lage sind, die administrative Handhabung solcher Gehaltsnebenleistungen entweder einer Drittfirma oder geschulten Mitarbeitern innerhalb des eigenen Unternehmens zu übergeben. Unbestritten ist, dass die Entwicklung der Lohnkonzepte in Richtung Flexibilisierung des Gehaltes geht.

---

[10] Vgl. dazu nachfolgend S. 32 ff.

Teil 2

Korrektes Ausfüllen des Lohnausweises bei Entrichtung von Gehaltsnebenleistungen

Vorschriften zum Ausfüllen des Lohnausweises

I. Bedeutung des Lohnausweises

Der Lohnausweis ist das zentrale Dokument für die Steuerveranlagung von Arbeitnehmern und wird explizit in Art. 125 Abs. 1 lit. a des Bundesgesetzes über die direkte Bundessteuer (DBG) sowie in der Regel auch in den kantonalen Steuergesetzen erwähnt. Die Verletzung der den Arbeitgebern obliegenden Verfahrenspflichten im Zusammenhang mit der korrekten Deklaration des Lohnausweises kann gemäss Art. 174 DBG mit Busse bis Fr. 10 000.– oder – gemäss Art. 177 DBG – als Mithilfe zur Steuerhinterziehung mit Busse bis zu Fr. 50 000.– geahndet werden. Betroffen können der Arbeitgeber und auch der Arbeitnehmer sein; im Bereich der Steuerhinterziehung sind sowohl Anstiftung als auch Mithilfe strafbar. Wird der Lohnausweis gar zum Zwecke der Steuerhinterziehung gefälscht, so kann der Täter gemäss Art. 186 DBG (Steuerbetrug) mit Gefängnis oder mit Busse bis zu Fr. 30 000.– bestraft werden[11]. Täter des Steuerbetruges sind bei juristischen Personen das handelnde Organ; Anstiftung und Gehilfenschaft sind strafbar.

II. Erläuterungen zum Lohnausweis-Formular

Das korrekte Ausfüllen eines Lohnausweises ist – gerade wegen der Gefahr einer Steuerhinterziehung oder eines Steuerbetruges – eine sehr anspruchsvolle Aufgabe für das Personalwesen bzw. Treuhänder und Steuerberater. Die Probleme, die den Arbeitgebern erwachsen, sowie

---

[11] Gemäss der bundesgerichtlichen Rechtsprechung ist überdies auch noch der Tatbestand der Urkundenfälschung im Sinne von Art. 251 des Strafgesetzbuches (StGB) zu prüfen. Vgl. BGE 122 I 257 ff.

Vorschriften zum Ausfüllen des Lohnausweises

das Erfordernis gesamtschweizerisch vereinheitlichter Vorgaben für das Ausfüllen des Lohnausweises haben deshalb die Konferenz staatlicher Steuerbeamter in Zusammenarbeit mit der Eidgenössischen Steuerverwaltung (EStV) schon vor einiger Zeit dazu bewogen, entsprechende Richtlinien zu erlassen. Diese sogenannten «*Erläuterungen zum Lohnausweis-Formular*»[12] sind für jeden Personalchef und selbstverständlich auch für alle Treuhänder bzw. Steuerberater unentbehrlich. Auch wenn sie sich in erster Linie auf den EDV-Lohnausweis der EStV (Form. 11 EDP dfi) beziehen, gelten sie sinngemäss auch für alle kantonalen Lohnausweis-Formulare.

Als Grundsatz gilt, dass der Lohnausweis einerseits *wahr* und andererseits *klar* sein muss. Dies bedeutet, dass im Falle von Unklarheiten bei der Ausstellung des Lohnausweises, die gerade bei der Entrichtung von Gehaltsnebenleistungen auftreten können, auf jeden Fall im Lohnausweis ein entsprechender Hinweis (in der Regel auf der Zeile «Bemerkungen») anzubringen ist. Auskünfte erteilen sowohl die EStV als auch (in der Regel) ein bzw. allenfalls mehrere spezialisierte Mitarbeiter der kantonalen Steuerverwaltungen.

Bei der richtigen Deklaration des Lohnausweises kommt Ziff. 19 der «Erläuterungen zum Lohnausweis-Formular»[13] eine zentrale Bedeutung zu. Gemäss dieser Bestimmung müssen nämlich im Bruttolohn *sämtliche Vergütungen mit Lohncharakter* enthalten sein, mithin auch alle Zusatzleistungen wie z.B. Naturalleistungen etc. In Bezug auf die Entrichtung von Gehaltsnebenleistungen bedeutet dies, dass stets alle Zusatzleistungen des Arbeitgebers gemäss den steuerlichen Bewertungsbestimmungen *Bestandteil des Bruttolohnes* sein müssen und nicht etwa erst vom Steuer-

---
[12] *Vgl. Anhang 1, S. 107 ff.*
[13] *Vgl. Anhang 1, S. 111.*

Vorschriften zum Ausfüllen des Lohnausweises

kommissär im Rahmen des konkreten Einschätzungsverfahrens in Erfahrung gebracht und aufgerechnet werden müssen. Die korrekte Aufrechnung von Gehaltsnebenleistungen im Lohnausweis ist somit Sache des Arbeitgebers. Es genügt daher auch nicht, gewisse Leistungen, z.B. eine vom Arbeitgeber übernommene Umzugsentschädigung, im Lohnausweis in einem Feld zwar betragsmässig zu deklarieren, diesen Betrag aber nicht gleichzeitig als Bestandteil des steuerbaren Bruttosalärs auszuweisen. Dieser Grundsatz gilt indessen nicht uneingeschränkt. Spezielle Regelungen bestehen für den Geschäftswagen[14] sowie effektive bzw. pauschale Spesenvergütungen[15].

III. Deklaration von Naturalleistungen

1. Grundsatz
Grundsätzlich gilt, dass Naturalleistungen mit dem Betrag zu bewerten und in den Bruttolohn zu integrieren sind, den der Arbeitnehmer anderswo unter gleichen Verhältnissen hätte bezahlen müssen (Marktwert)[16]. Dieser Grundsatz gilt für sämtliche Nebenleistungen, für die nicht bereits der Gesetzgeber oder die Steuerverwaltung eine Formelbewertung vorgenommen hat. Oft wird auf die Bewertungen der AHV abgestellt[17].

2. Geschäftswagen
Eine Ausnahme vom Grundsatz, wonach Naturalleistungen mit dem Marktwert zu bewerten und in den Bruttolohn zu integrieren sind, bildet die Zurverfügungstellung eines

---

[14] Vgl. dazu nachfolgend S. 34 f.
[15] Vgl. dazu nachfolgend S. 35 ff.
[16] Vgl. Ziff. 32 f. der Erläuterungen zum Lohnausweis-Formular, Anhang 1, S. 113 f.
[17] Vgl. explizit Art. 84 Abs. 3 DBG.

Vorschriften zum Ausfüllen des Lohnausweises

Geschäftswagens für den Privatgebrauch. Gemäss Ziff. 52 der «Erläuterungen zum Lohnausweis-Formular»[18] genügt es, das Feld 4t des EDV-Lohnausweises (Formular 11 EDP dfi) anzukreuzen, wenn (ausnahmsweise) das Geschäftsauto nur für *dienstliche* Fahrten zur Verfügung steht. Im Regelfall kann das Auto aber auch für *private* Fahrten (z.B. zwischen Wohn- und Arbeitsort) benützt werden. In diesem Fall ist anstelle des Kreuzes ein «P» im Feld 4t des Lohnausweises anzubringen und es ist Sache des Steuerkommissärs, im Rahmen des konkreten Einschätzungsverfahrens den Privatgebrauch des Geschäftswagens zu ermitteln und diesen Betrag zum steuerpflichtigen Salär zu addieren[19].

IV. Deklaration von Ersatz für Berufsauslagen

Der Konzeption des schweizerischen Lohnausweises liegt die Trennung von Vergütungen des Arbeitgebers als Ersatz von *Berufsauslagen* einerseits und von Vergütungen als Ersatz von *Spesenauslagen* anderseits zugrunde. Erstere sind stets zum steuerpflichtigen Salär zu addieren und können vom Steuerpflichtigen allenfalls im Rahmen des Steuererklärungsverfahrens gemäss Art. 26 DBG unter dem Titel «Berufsauslagen bzw. Berufs- oder Gewinnungskosten» wieder in Abzug gebracht werden[20]. Demgegenüber sind vom Arbeitgeber vergütete Auslagen als Ersatz für Spesenausgaben des Arbeitnehmers nicht in den Bruttolohn einzubeziehen, sondern lediglich auf der entsprechenden Zeile des Lohnausweises zusätzlich zu bescheinigen[21].

---

[18] *Vgl. Anhang 1, S. 117.*
[19] *Vorbehalten bleibt der Fall, dass ein genehmigtes Spesenreglement vorliegt. Vgl. dazu nachfolgend S. 45 ff.*
[20] *Vgl. dazu nachfolgend Teil 4, S. 73 ff.*
[21] *Zur Ausnahme für nicht leitende Innendienstmitarbeiter vgl. nachfolgend S. 37 f.*

Vorschriften zum Ausfüllen des Lohnausweises

Es hat sich nun gezeigt, dass bei vielen Arbeitgebern bzw. Treuhändern und Steuerberatern die Schwierigkeit gerade darin besteht, unterscheiden zu können, ob eine Vergütung zum Bruttolohn zu addieren ist oder lediglich auf der Zeile für Spesenentschädigung ausgewiesen werden muss. Es fehlt an einer für die Arbeitgeber hilfreichen und anerkannten Definition bzw. Abgrenzung von Spesen einerseits und Berufsauslagen anderseits. Vereinfacht gesagt, kann man aber die für das Ausfüllen des Lohnausweises entscheidende Unterscheidung zwischen Spesen und Berufsauslagen wie folgt vornehmen[22]:
– Spesen sind Auslagen, die dem Arbeitnehmer im Rahmen eines konkreten dienstlichen «*Auftrages*» entstehen.
– Berufsauslagen sind Auslagen, die dem Arbeitnehmer *allgemein* für die Verrichtung seiner dienstlichen Tätigkeit erwachsen, diese als Ganzes erst ermöglichen und auch ohne einen konkreten «Auftrag» angefallen wären.

Als Ersatz von Berufsauslagen zu qualifizieren und demzufolge zum steuerpflichtigen Salär zu addieren sind z.B.:
– *Entschädigungen für den Arbeitsweg.* Wegvergütungen sind Bestandteil des Bruttolohnes[23]. Als Arbeitsweg gilt die Strecke zwischen Wohnung und ständiger Arbeitsstätte. In welcher Form die Wegentschädigung geleistet wird (Barvergütung oder Übernahme der Abonnementskosten), ist unerheblich[24].

---

[22] *Vgl. dazu umfassend Bosshard, S. 557 ff.*
[23] *Vgl. Ziff. 30 der Erläuterungen zum Lohnausweis-Formular, Anhang 1, S. 113.*
[24] *Eine Ausnahme bildet – in Absprache mit der EStV – die Einräumung eines Halbtax- bzw. eines (geschäftsmässig begründeten) Generalabonnementes an den Arbeitnehmer. In beiden Fällen ist der Kaufbetrag des Abonnementes nicht zum Bruttosalär zu addieren. Bei Einräumung eines Generalabonnementes stellt sich allenfalls das Problem des Privatanteils; der Arbeitswegabzug gemäss Art. 26 Abs. 1 lit. a DBG entfällt.*

Vorschriften zum Ausfüllen des Lohnausweises

- *Entschädigungen* für Büro- oder Lagerbenutzung beim Arbeitnehmer zuhause.
- *Entschädigungen* für den Heimgebrauch von Hilfsmitteln (z.B. Computer).
- *Umzugsentschädigungen.*
- *Entschädigungen* für Fachliteratur, spezielle Kleider, Schuhe etc.
- *Inkonvenienzentschädigungen.*

V. Deklaration von Spesenvergütungen

1. Allgemeines
Es wurde bereits dargelegt, dass Vergütungen des Arbeitgebers als Ersatz von Spesenauslagen nicht zum steuerpflichtigen Bruttosalär zu addieren sind. Als Spesen zu qualifizieren und demzufolge nicht zum steuerpflichtigen Salär zu addieren sind z.B.:
- *Reisekosten* für private oder öffentliche Verkehrsmittel im Rahmen eines konkreten Dienstauftrages, die dadurch entstehen, dass der Arbeitnehmer von seiner ständigen Arbeitsstätte A zu einem Destinationsort B entsandt wird. Darunter fallen auch Reisekosten, die einem Arbeitnehmer entstehen, der von zuhause direkt zum Destinationsort B entsandt wird, sofern er keinen festen Arbeitsplatz im Betrieb hat (typischerweise beim Aussendienstmitarbeiter).
- *Auswärtige Verpflegungskosten*, die einem Arbeitnehmer alleine oder mit (einem bzw. mehreren) Kunden im Rahmen eines konkreten Auftrages entstehen.
- *Auswärtige Übernachtungskosten* in Hotels etc., die einem Arbeitnehmer im Rahmen eines konkreten Auftrages entstehen.

Die Tatsache, dass Spesenvergütungen nicht zum steuerpflichtigen Bruttosalär zu addieren sind, bedeutet nicht,

Vorschriften zum Ausfüllen des Lohnausweises

dass Spesenvergütungen (effektive Spesen bzw. Pauschalspesen) überhaupt nicht im Lohnausweis bescheinigt werden müssen. Lediglich für nicht leitende Innendienstmitarbeiter kann auf jegliche Bescheinigung der effektiven Spesen verzichtet werden. Bei leitenden und Aussendienstmitarbeiter hängt die Bescheinigungspflicht davon ab, ob ein vom kantonalen Steueramt des Sitzkantons des Arbeitgebers genehmigtes Spesenreglement vorliegt (nachfolgend 3.).

2. Fehlen eines genehmigten Spesenreglementes
Vergütet ein Unternehmen die Spesen an seine Mitarbeiter gemäss dem eigenen, von den Steuerbehörden aber nicht genehmigten Reglement, so ist in Bezug auf den Lohnausweis gemäss Ziff. 45 der «Erläuterungen zum Lohnausweis-Formular»[25] zwischen leitendem und Aussendienstpersonal einerseits und übrigem Personal anderseits zu unterscheiden. Im Einzelnen gelten folgende Bestimmungen:

45 Die effektiven Spesenvergütungen von leitendem und Aussendienstpersonal müssen im Lohnausweis angegeben werden, damit die Steuerbehörden Anhaltspunkte dafür erhalten, ob diese Vergütungen in einem gewissen Umfange Lohncharakter haben. Für anderes als leitendes und Aussendienstpersonal (nachstehend «übriges Personal» genannt) müssen lediglich die sogenannten Pauschalvergütungen betragsmässig im Lohnausweis erscheinen; von der betragsmässigen Angabe der restlichen Spesenvergütungen kann der Arbeitgeber absehen, wenn sich diese Spesenvergütungen in der Höhe der tatsächlichen Auslagen bewegen; in diesem Fall genügt es, dies durch Ankreuzen des Feldes v zu bestätigen. Für das Ausfüllen der Lohnausweise ist somit in materieller Hinsicht zu unterscheiden zwischen *Pauschalvergütungen* und nicht *pauschalen Vergütungen*, in personeller Hinsicht zwischen *leitendem und Aussendienstpersonal* einerseits und dem *übrigen Personal* anderseits.

[25] *Vgl. Anhang I, S. 116.*

Vorschriften zum Ausfüllen des Lohnausweises

46 Als Pauschalvergütungen gelten Spesenvergütungen, die ungeachtet der effektiven Zahl der Kostenereignisse (z.B. Mahlzeiten, Übernachtungen, gefahrene Kilometer etc.) und der effektiven Höhe der Kosten *für einen bestimmten Zeitabschnitt* (z.B. Monat, Quartal, Jahr) pauschal festgelegt werden.

47 Als nicht pauschale Vergütungen gelten solche, die pro Kostenereignis (z.B. pro Mittagessen, pro Kilometer etc.) ausgerichtet werden, und zwar ungeachtet dessen, ob pro Kostenereignis feste Ansätze zur Anwendung gelangen oder ob genau die effektiven Kosten vergütet werden.

48 Zum leitenden und Aussendienstpersonal zählt neben dem Personal, das der Geschäftsleitung (Direktion, Betriebsleitung etc.) angehört bzw. ihm rang- oder funktionsmässig nahesteht, das eigentliche Aussendienstpersonal (Reisende, Vertreter, Monteure etc.).

49 Zum *übrigen Personal* gehören alle nicht dem leitenden oder dem Aussendienstpersonal zugezählten Arbeitnehmer.

50 *Feld o:* Dieses Feld ist anzukreuzen, wenn einem Arbeitnehmer, der dem *leitenden* oder dem *Aussendienstpersonal* zugerechnet wird, *überhaupt keine Spesenvergütungen* (weder Pauschalspesen noch nicht pauschale Vergütungen) ausgerichtet werden (wohl seltener Fall) oder wenn ein dem *übrigen Personal* zugezählter Arbeitnehmer *keine Pauschalvergütungen* erhält.

51 *Felder p bis s: Repräsentations-, Auto-, Reise- und andere Spesen:* In diesen Feldern sind *alle* dem *leitenden und Aussendienstpersonal* ausgerichteten Spesenvergütungen (Pauschalvergütungen und nicht pauschale Vergütungen) *betragsmässig* einzusetzen. Für das *übrige Personal* sind *nur die Pauschalvergütungen betragsmässig* anzugeben, während für die nicht pauschalen Vergütungen die Erläuterung zu Feld v zu beachten sind. Ist die Aufteilung der ausgerichteten Spesenvergütungen auf die Felder p bis r nicht möglich oder handelt es sich um eine in diesen Feldern nicht erwähnte Spesenart, so ist der entsprechende Betrag im Feld s einzutragen und in der Rubrik «Art» (die zweizeilig beschrieben werden kann) näher zu bezeichnen (z.B. Vertrauensspesen).

3. Vorliegen eines genehmigten Spesenreglementes

Die Pflicht zur Deklaration der effektiven Spesen für leitendes Personal und Aussendienstpersonal bringt für die Arbeitgeber einen beträchtlichen administrativen Mehr-

Vorschriften zum Ausfüllen des Lohnausweises

aufwand mit sich und kann auch nicht mit allen Lohnprogrammen bewältigt werden. Aufgrund dieser bekannten Probleme haben die kantonalen Steuerverwaltungen in Zusammenarbeit mit der EStV und Arbeitgebervertretern das Institut des genehmigten Spesenreglementes geschaffen. Wird das *vollständige Spesenreglement* einer Firma von der Steuerverwaltung ihres Sitzkantons akzeptiert, so wird sie von der Bescheinigungspflicht der effektiven Spesen entbunden. Im Einzelnen gelten folgende Bestimmungen[26]:

55 Gemäss Rz 45 und 51 müssen für leitendes und Aussendienstpersonal (Rz 48) stets alle Spesenvergütungen betragsmässig angegeben werden. In Ausnahmefällen haben Firmen, denen die *betragsmässige Angabe der nicht pauschalen Vergütungen* (Rz 47) des leitenden und Aussendienstpersonals unverhältnismässige Umtriebe verursacht, jedoch die Möglichkeit, bei der Steuerverwaltung des *Sitzkantons* ein begründetes Gesuch um Verzicht auf diese Angaben einzureichen. Dem Gesuch ist ein detailliertes Spesenreglement beizulegen, das von der Steuerbehörde geprüft wird und zu dessen Einhaltung sich die Firma, sofern es genehmigt werden kann, durch Unterzeichnung einer Erklärung zu verpflichten hat. Jede Änderung des Reglementes ist der Steuerbehörde unaufgefordert zu melden. Betreffend Pauschalvergütungen siehe aber Rz 57.

56 Firmen, denen eine Ausnahmebewilligung gemäss Rz 55 erteilt wurde, haben in den Lohnausweisen folgenden Vermerk anzubringen:

56a «Spesenreglement durch ... (Autokennzeichen des Kantons) am ... (Datum) genehmigt.»

Im Detail ist dabei wie folgt vorzugehen:
56b *Bei Arbeitnehmern, denen keine Pauschalvergütungen (Rz 46) ausgerichtet werden:*
Feld o wird leer gelassen; in den Feldern p–s werden auf der 1. Printzeile die Worte «Keine Pauschalvergütungen» und auf der

---

[26] Vgl. Ziff. 55 ff. der Erläuterungen zum Lohnausweis-Formular, Anhang 1, S. 118 f.

Vorschriften zum Ausfüllen des Lohnausweises

2. Printzeile (oder auf der Printzeile direkt unter diesen Feldern) der Vermerk gemäss Rz 56a eingesetzt.

56c Die Erteilung einer Ausnahmebewilligung im Sinne von Rz 55 berührt die Angabe der *Pauschalvergütungen* nicht; diese müssen für das gesamte Personal ausnahmslos betragsmässig angegeben werden.

Teil 3

Steuersparpotenzial im Bereich von Gehaltsnebenleistungen

Steuerrechtliche Beurteilung einzelner Gehaltsnebenleistungen

I. Allgemeines

Werden neben dem eigentlichen Barlohn (Fixsalär und allfälliger Bonus) zusätzliche Gehaltsnebenleistungen ausgerichtet, so ergibt sich bereits aus dem Grundsatz der Besteuerung nach der wirtschaftlichen Leistungsfähigkeit, dass dies für die Besteuerung eines Arbeitnehmers keine Rolle spielen darf. Es gilt die Regel, dass es unerheblich ist, in welcher Form, ob ausschliesslich als Barlohn oder in Form eines (tieferen) Barlohnes plus Nebenleistungen, ein Arbeitnehmer sein Salär erhält; entscheidend ist lediglich die Höhe der Gesamtbezüge. Eigentlich sollte daher auf dem Weg der Entrichtung von Gehaltsnebenleistungen allenfalls eine betriebswirtschaftliche, nicht aber eine steuerliche Optimierung erreicht werden können. Dieses Prinzip kommt auch in den «Erläuterungen zum Lohnausweis-Formular[27]» zum Ausdruck, wenn es dem Arbeitgeber vorschreibt, dass sämtliche steuerpflichtigen Gehaltsnebenleistungen mit der richtigen Bewertung zum steuerpflichtigen Salär zu addieren sind. Die Praxis hat allerdings gezeigt, dass trotzdem in einigen Fällen ein Steueroptimierungsspielraum besteht.

II. Gewährung von Naturalleistungen

1. Grundsatz
Naturalleistungen sind grundsätzlich zum Marktwert in das steuerpflichtige Bruttosalär[28] zu integrieren. Bei korrekter Deklaration des Lohnausweises besteht demzufolge praktisch kein Steueroptimierungsspielraum; Differen-

---
[27] Vgl. Ziff. 32 der Erläuterungen zum Lohnausweis-Formular, Anhang 1, S. 113.
[28] Vgl. vorstehend S. 34.

Steuerrechtliche Beurteilung einzelner Gehaltsnebenleistungen

zen können sich lediglich bei der Festsetzung des Marktwertes ergeben.

2. Geschäftswagen

Bei Vorliegen eines Geschäftswagens, der auch für den Privatgebrauch zur Verfügung steht, gilt ausnahmsweise der Grundsatz nicht, wonach der Arbeitgeber den Marktwert zu ermitteln und in den Betrag des steuerpflichtigen Bruttosalärs zu integrieren hat[29]. Stattdessen ist ein «P» im Lohnausweis anzubringen und die Aufrechnung für den Privatanteil erfolgt im Rahmen der individuellen Steuereinschätzung. Liegt kein genehmigtes Spesenreglement vor, so wird die Aufrechnung erfahrungsgemäss in Abhängigkeit des Wertes des Geschäftswagens sowie der Anzahl gefahrene Privatkilometer vorgenommen. Lässt sich – was der Regelfall ist – die genaue Anzahl der gefahrenen Privatkilometer nicht ermitteln, so bleibt lediglich die Schätzung durch den Steuerkommissär.

Liegt ein genehmigtes Spesenreglement vor, so kommt in verschiedenen Kantonen der Deutschschweiz[30] folgende von der Höhe des Neupreises des Geschäftswagens (Katalogpreis inkl. Mehrwertsteuer, ohne Berücksichtigung allfälliger Rabatte) abhängige Aufrechnung zur Anwendung[31]:

Anschaffungswert (Katalogpreis Neuwagen)
bis   Fr. 30 000   =   Fr. 4 000
        Fr. 40 000   =   Fr. 5 000

---

[29] Vgl. vorstehend S. 34 f.
[30] Im Rahmen einer Vereinbarung zwischen den sogenannten Bodenseekantonen haben sich folgende Kantone geeinigt, einheitliche Richtlinien bei der Genehmigung von Spesenreglementen anzuwenden: Aargau, Appenzell A.Rh., Appenzell I.Rh., Glarus, Graubünden, St. Gallen, Schaffhausen, Thurgau, Zürich.
[31] Vgl. Muster-Spesenreglement, Anhang 2, S. 124 f.

Steuerrechtliche Beurteilung einzelner Gehaltsnebenleistungen

      Fr. 50 000 = Fr. 6 000
      Fr. 60 000 = Fr. 7 000
über Fr. 60 000 = Fr. 8 000

Diese Aufrechnung gilt für das (mit Abstand weitverbreitetste) Modell, dass der Arbeitgeber für sämtliche Kosten aufkommt und der Arbeitnehmer lediglich die Benzinkosten für längere ferienbedingte Privatfahrten zu erbringen hat.

Aufgrund dieser im Vergleich zu den effektiven Kosten (fixe und variable Kosten), welche die Anschaffung und der Unterhalt eines Privatwagens verursachen, relativ tiefen pauschalen Aufrechnungen ergibt sich im Einzelfall für gewisse Mitarbeiter ein steuerfreier «fringe benefit». Der «fringe benefit» ist umso bedeutender, je mehr der Arbeitnehmer den Geschäftswagen privat benützt. Es gilt auf der andern Seite zu berücksichtigen, dass weil eben auf eine effektive Erfassung der privat gefahrenen Kilometer verzichtet wird, die pauschale Aufrechnung gemäss vorstehender Tabelle auch dann zur Anwendung gelangt, wenn der Mitarbeiter den Geschäftswagen nur für sehr wenige Privatkilometer beansprucht[32].

3. Kost und Logis

Für Kost und Logis bestehen feste Bewertungstabellen, die entweder als spezielle Merkblätter bezogen werden können oder sich auf der Rückseite des Lohnausweises befinden. Zum heutigen Zeitpunkt muss die Aufrechnung für Verpflegung und Unterkunft wie folgt vorgenommen werden:

---

[32] Dies kann z.B. zutreffen, wenn der Arbeitnehmer neben dem Geschäftswagen über einen (mindestens gleichwertigen) privaten Zweitwagen verfügt.

Steuerrechtliche Beurteilung einzelner Gehaltsnebenleistungen

Erwachsene

	Tag Fr.	Monat Fr.	Jahr Fr.
Frühstück	4.–	120.–	1440.–
Mittagessen	8.–	240.–	2880.–
Abendessen	6.–	180.–	2160.–
Volle Verpflegung	18.–	540.–	6480.–
Unterkunft (Zimmer)	9.–	270.–	3240.–
Wohnung	Stellt der Arbeitgeber dem Arbeitnehmer nicht ein Zimmer, sondern eine Wohnung zur Verfügung, so ist anstelle obiger Unterkunftspauschalen der ortsübliche Mietzins einzusetzen bzw. der Betrag, um den die Wohnungsmiete gegenüber dem ortsüblichen Mietzins verbilligt wird. Weitere Leistungen des Arbeitgebers sind pro Erwachsenen wie folgt zu bewerten: Wohnungseinrichtung Fr. 65.– im Monat/Fr. 780.– im Jahr; Reinigung von Bekleidung und Wohnung Fr. 10.– im Monat/Fr. 120.– im Jahr.		
Volle Verpflegung und Unterkunft	27.–	810.–	9720.–
Bekleidung	Kommt der Arbeitgeber weitgehend auch für Kleider, Leibwäsche und Schuhe sowie für deren Unterhalt und Reinigung auf, so sind hierfür zusätzlich Fr. 80.– im Monat/ Fr. 960.– im Jahr anzurechnen.		

III. Gewährung von verbilligten Waren oder Dienstleistungen

1. Grundsatz

Grundsätzlich gilt, dass es sich beim vom Arbeitgeber gewährten Erwerb von verbilligten Waren oder Dienstleistungen um eine steuerpflichtige Leistung im Sinne Art. 17 Abs. 1 DBG handelt, die gemäss Ziff. 19 der

Steuerrechtliche Beurteilung einzelner Gehaltsnebenleistungen

«Erläuterungen zum Lohnausweis-Formular»[33] zum steuerpflichtigen Bruttosalär zu addieren wäre.

2. Heutige Praxis der Einschätzungsbehörden

Dem steuerrechtlichen Grundsatz, wonach sämtliche verbilligten Waren oder Dienstleistungen im Umfang der vom Arbeitnehmer bezogenen Vergünstigung zum steuerpflichtigen Salär zu addieren sind, wird zum heutigen Zeitpunkt nicht vollumfänglich nachgelebt. In der Praxis kann vielmehr festgestellt werden, dass – nicht zuletzt auch aus Praktikabilitätsgründen – die Steuerbehörden bereit sind, in diesem Bereich einen gewissen steuerfreien «fringe benefit» zu akzeptieren. Auf eine Aufrechnung wird in der Regel dann verzichtet, wenn der Arbeitgeber die Waren oder Dienstleistungen seinem Arbeitnehmer zu einem Preis einräumt, der mindestens seine eigenen Gestehungskosten deckt, und wenn sie vorrangig dem Eigengebrauch des Arbeitnehmers dienen.

3. Häufigste Erscheinungsformen

a) Vereinbarung von Vorzugszinsen

Die Vereinbarung von Vorzugszinsen, z.B. die Gewährung eines Hypothekar-Darlehens zu einem Zinssatz, der sich in der Regel 0,5%–2,5% unterhalb des Marktzinses bewegt, ist bei Bankangestellten eine häufig auftretende Gehaltsnebenleistung. Bis anhin wurde weder bei der Deklaration des Lohnausweises konsequent darauf bestanden, diese Gehaltsnebenleistung anzugeben, noch wurde in der Regel im Einschätzungsverfahren eine Aufrechnung vorgenommen. Der Grund dafür liegt in der Tatsache, dass Schuldzinsen gemäss Art. 33 Abs. 1 lit. a DBG abzugsfähig sind und demzufolge nach jetziger

---

[33] Vgl. Anhang 1, S. 111.

Steuerrechtliche Beurteilung einzelner Gehaltsnebenleistungen

Auffassung als Gehaltsnebenleistung steuerneutral sind. Nach den Kenntnissen der Verfasser liegt indessen in diesem Bereich keine gefestigte Rechtsprechung vor. Die Situation könnte sich allerdings deshalb ändern, weil gemäss dem Bundesgesetz über das Stabilisierungsprogramm 1998 der Schuldzinsabzug begrenzt wird.

b) Vereinbarung eines Vorzugserwerbspreises
Es wurde bereits dargelegt[34], dass die Gewährung eines Vorzugserwerbspreises grundsätzlich eine steuerpflichtige Leistung darstellt, auf eine Erfassung aber in der Praxis oft verzichtet wird, wenn der Vorzugspreis mindestens die Höhe der Selbstkosten des Arbeitgebers erreicht und keine Gewinnerzielung des Arbeitnehmers anzunehmen ist. Trotz dieser bisher relativ grosszügigen Praxis der Steuerbehörden kann im Einzelfall, vor allem bei Einräumung eines betragsmässig erheblichen Vorzugspreises, eine Aufrechnung erfolgen. Es ist auch damit zu rechnen, dass – angesichts der Finanzknappheit der Gemeinwesen – die Steuerbehörden in Zukunft diesem «fringe benefit» vermehrt Beachtung schenken werden, zumal eine entsprechende Besteuerung der Verwirklichung des Grundsatzes der Besteuerung nach der wirtschaftlichen Leistungsfähigkeit und damit der Steuergerechtigkeit dienen würde.

*c) Gewährung von Meilengutschriften
   für den Privatgebrauch*
Praktisch alle namhaften Fluggesellschaften, darunter auch die Swissair, bieten ihren Kunden ein Vielfliegerprogramm an. Diese Programme ermöglichen es einem Kunden, bei Erreichen einer gewissen Meilenanzahl einen Gratisflug zu beziehen. Bei Mitarbeitern, die Mitglied eines solchen Meilenprogramms sind und oft

---
[34] Vgl. vorstehend S. 48.

Steuerrechtliche Beurteilung einzelner Gehaltsnebenleistungen

geschäftlich mit den Flugzeug reisen, führte dies in der Vergangenheit dazu, dass sie in relativ kurzer Zeit einen Gratisflug erhielten. Da die Arbeitgeber auf eine geschäftliche Nutzung oft verzichteten, konnten sie diesen Flug für ihre Privatzwecke verwenden.

Die Steuerverwaltungen haben nunmehr die zunehmende Bedeutung dieses «fringe benefits» erkannt und sind in jüngster Zeit dazu übergegangen, diesen zu besteuern. So sind bei Vorliegen eines genehmigten Spesenreglementes in den sogenannten Bodenseekantonen[35] entsprechende Gratisflüge in erster Linie wieder *geschäftlich* zu verwenden[36]. Erst wenn eine geschäftliche Nutzung nicht mehr möglich oder sinnvoll ist, darf der Mitarbeiter diese Gutschrift (ohne steuerliche Aufrechnung) privat verwenden. Verzichtet das Unternehmen integral auf die Geltendmachung der geschäftlichen Nutzung, so wird es verpflichtet, die vom Mitarbeiter beanspruchten Gratisflüge zum Marktwert im Bezugsjahr zum steuerpflichtigen Salär zu addieren.

IV. Übernahme von Kosten durch den Arbeitgeber

1. Grundsatz

Erbringt der Arbeitgeber einen Teil seiner Lohnzahlungen dadurch, dass er gewisse Kosten für einen Arbeitnehmer übernimmt, so gilt in Anwendung von Art. 17 DBG der Grundsatz, dass sämtliche Vergütungen, die ihren Grund im Arbeitsverhältnis haben und nicht Spesenersatz bilden, zum steuerpflichtigen Bruttosalär zu addieren sind[37]. Uner-

---
[35] Vgl. dazu vorstehend S. 45 (FN 30).
[36] Vgl. Muster-Spesenreglement, Anhang 2, S. 124.
[37] Vgl. Ziff. 19 der Erläuterungen zum Lohnausweis-Formular, Anhang 1, S. 111.

Steuerrechtliche Beurteilung einzelner Gehaltsnebenleistungen

heblich ist dabei, ob es sich um Ersatz für (grundsätzlich steuerpflichtige) Lebenshaltungskosten oder für (grundsätzlich abzugsfähige) Berufsauslagen handelt. Es ist in jedem Fall Sache des Arbeitnehmers, im Rahmen seiner Steuereinschätzung einen allfälligen Abzug unter dem Titel «Berufskosten bzw. Berufsauslagen» geltend zu machen[38].

2. Häufigste Erscheinungsformen

a) Übernahme von Versicherungsbeiträgen
Übernimmt der Arbeitgeber die Bezahlung von Prämien für Versicherungen des Arbeitnehmers, so sind diese Prämien, soweit es sich nicht um Beiträge an die kollektive berufliche Vorsorge oder an die obligatorische NBUV handelt, Bestandteil des steuerpflichtigen Bruttosalärs[39]. Häufig werden vom Arbeitgeber Zusatzversicherungen im Bereich der Krankenversicherung etc. abgeschlossen. Eine Abzugsfähigkeit dieser Versicherungsprämien besteht kaum, da der Versicherungsabzug gemäss Art. 33 Abs. 1 lit. b DBG begrenzt ist.

b) Übernahme der Wohnungsmiete
Schliesst der Arbeitgeber einen Vertrag mit einem Vermieter ab und stellt er diese Wohnung seinem Arbeitnehmer zur Verfügung oder erklärt sich bereit, seinem Arbeitnehmer den Mietzins, den dieser zu bezahlen hat,

---

[38] Zu diesem Schluss kommt auch das erst kürzlich erstellte Gutachten des Instituts für Finanzwirtschaft und Finanzrecht der Universität St. Gallen über die Zulässigkeit der Qualifikation von an Expatriates erbrachten Leistungen mit Lohncharakter als Gewinnungskosten. Danach sind vom Arbeitgeber bezahlte Schul-, Umzugs- oder Wohnkosten bzw. Zulagen in einem ersten Schritt stets als Einkommen aus unselbstständiger Erwerbstätigkeit (Art. 17 DBG) zu betrachten. Erst in einem zweiten Schritt gilt es, die Abzugsfähigkeit dieser Auslagen im Sinne von Art. 26 Abs. 1 DBG zu prüfen.

[39] Vgl. Ziff. 22 der Erläuterungen zum Lohnausweis-Formular, Anhang 1, S. 112.

Steuerrechtliche Beurteilung einzelner Gehaltsnebenleistungen

zurückzuerstatten, so ist in beiden Fällen der volle Mietzins im Lohnausweis zum steuerpflichtigen Bruttosalär zu addieren. Vereinbarungen dieser Art werden oft für ausländische Spezialisten getroffen, die sich nur während einer beschränkten Zeit in der Schweiz aufhalten und ihre Wohnung bzw. ihr Haus in ihrem ausländischen Wohnsitzstaat beibehalten. Die Frage der Abzugsfähigkeit dieser zusätzlichen Wohnungskosten ist vom Mitarbeiter im Rahmen seiner Steuererklärung geltend zu machen. Zum heutigen Zeitpunkt besteht dazu keine einheitliche Praxis innerhalb der Kantone[40].

c) Übernahme der Umzugskosten
Begleicht ein Arbeitgeber die Umzugskosten seines Arbeitnehmers, indem er entweder einen entsprechenden Transportvertrag direkt mit der Möbelfirma abschliesst oder die Umzugskosten, die dem Arbeitnehmer entstanden und von diesem bezahlt worden sind, zurückerstattet, so ist in beiden Fällen der entsprechende Betrag vom Arbeitgeber zum steuerpflichtigen Bruttosalär zu addieren. Die Übernahme von Umzugskosten ist vor allem bei ausländischen Spezialisten üblich, es gibt aber auch Fälle, in denen Arbeitnehmern, die innerhalb der Schweiz ihren Arbeitgeber wechseln, die Umzugskosten zurückerstattet werden. Die Frage der Abzugsfähigkeit der Umzugskosten muss vom Steuerpflichtigen im Rahmen seiner konkreten Steuererklärung geltend gemacht werden. Innerhalb der Kantone besteht diesbezüglich

---

[40] Aus diesem Grunde wurde die erwähnte Expertise (vgl. FN 38) mit dem Ziel in Auftrag gegeben, die Steuerbarkeit solcher Zusatzleistungen an ausländische Arbeitnehmer, v. a. Ex- bzw. Impatriates, zu prüfen und die Anwendung gesamtschweizerisch einheitlicher Grundsätze zu erarbeiten. Der Kanton Zürich hat – gestützt auf die Expertise – spezielle Richtlinien für Expatriates und Spezialisten erarbeitet (vgl. Anhang 4, S. 133 ff.).

Steuerrechtliche Beurteilung einzelner Gehaltsnebenleistungen

keine einheitliche Praxis; für die direkte Bundessteuer hat das Bundesgericht festgestellt, dass Umzugskosten auch dann nicht abzugsfähig sind, wenn sie im Zusammenhang mit der Arbeitstätigkeit erfolgen[41].

d) Übernahme von Schulgeldern
Bezahlt der Arbeitgeber die Schulkosten, die einem seiner Arbeitnehmer dadurch erwachsen, dass er seine Kinder nicht in die öffentliche, sondern in eine Privatschule schickt, so wären diese Kosten grundsätzlich ebenfalls Bestandteil des steuerpflichtigen Bruttosalärs. In Zusammenarbeit mit der Eidgenössischen Steuerverwaltung und den kantonalen Steuerverwaltungen wurde aber eine Lösung erarbeitet, die insbesondere auch den Bedürfnissen von Kindern fremdsprachiger Eltern, die voraussichtlich nur für eine beschränkte Zeit in der Schweiz arbeiten und wohnen, Rechnung trägt. Danach gelten Schulgelder dann nicht als steuerpflichtige Gehaltsnebenleistung, wenn zwischen dem Arbeitgeber und der Schule ein sogenannter *Rahmenvertrag* besteht, der dem Arbeitgeber die generelle Möglichkeit einräumt, Kinder seiner Arbeitnehmer in diese Schule zu schicken. Nur unter dieser Voraussetzung gelten Schulgelder als nicht steuerpflichtig und müssen nicht zum steuerpflichtigen Salär addiert werden. Anders verhält es sich, wenn der Arbeitgeber von Fall zu Fall die Schulgelder von einem seiner Arbeitnehmer bezahlt. In diesem Fall gelten die entsprechenden Auslagen als nicht abzugsfähige Lebenshaltungskosten und die Beiträge des Arbeitgebers müssen Bestandteil des Bruttosalärs im Lohnausweis sein[42].

---
[41] *Vgl. NStP 51 (1997), S. 73 ff.*
[42] *Aufgrund der Expertise der Universität St. Gallen (vgl. FN 38) kann davon ausgegangen werden, dass die Praxis zur Steuerbarkeit von Schulgeldern in Zukunft geändert wird. Der Kanton Zürich hat diesen Schritt bereits vollzogen. Vgl. dazu Anhang 4, S. 135.*

Steuerrechtliche Beurteilung einzelner Gehaltsnebenleistungen

e) Übernahme der Steuern
Übernimmt der Arbeitgeber im Rahmen des Arbeitsvertrages auch die Bezahlung der Steuern (Nettolohnvereinbarung), so bildet dieser Betrag stets einen steuerpflichtigen Lohnbestandteil. Da die Höhe der Steuern nicht zum vornherein feststeht, wird vom Arbeitgeber im Lohnausweis in der Regel lediglich der ordentliche Brutto- bzw. Nettolohn II (ohne Aufrechnung) deklariert. In diesem Fall ist es unumgänglich, dass im Lohnausweis angegeben wird, dass die Steuern durch den Arbeitgeber bezahlt werden. Dies erfolgt in der Regel durch einen entsprechenden Hinweis, z.B. «Nettolohnvereinbarung», auf der Zeile «Bemerkungen» im Lohnausweis. In der Folge werden die aufzurechnenden Steuern im Veranlagungsverfahren nach einer speziellen Formel berechnet (Steuern auf Steuern).

Oft werden solche Nettolohnvereinbarungen mit ausländischen Spezialisten ohne Niederlassungsbewilligung abgeschlossen, da diese mit der schweizerischen Steuerrechtsordnung wenig vertraut sind[43]. In diesen Fällen gelangt das Quellensteuerverfahren zur Anwendung (vgl. Art. 83 ff. DBG). Anders als im ordentlichen Verfahren wäre der Arbeitgeber bei der Quellensteuer theoretisch in der Lage, den Steuerbetrag zu ermitteln, diesen Betrag zum steuerpflichtigen Salär zu addieren und auf diesem hochgerechneten Gesamtbetrag die Quellensteuer zu berechnen. Da der Quellensteuerabzug stets korrekt auf dem Total der steuerpflichtigen Leistung ermittelt werden muss, würde dies eigentlich bedeuten, dass bereits bei Erhebung der Quellensteuer dem Nettolohnprinzip Rechnung getragen werden müsste. In der Praxis wird indessen die Übernahme der Steuern oft auch bei der Quellen-

---

[43] Sehr verbreitet sind Nettolohnvereinbarungen auch bei Spitzensportvereinen.

steuerberechnung ausser Acht gelassen. Der Arbeitgeber muss sich dann allerdings bewusst sein, dass er nicht nur den Quellensteuerabzug nicht korrekt vorgenommen hat, sondern dass er auch ein zusätzliches Haftungsrisiko trägt (vgl. Art. 88 Abs. 3 DBG).

V. Finanzierung der Kaderversicherung im Bereich BVG

Bei der Beurteilung der Attraktivität eines Arbeitsplatzes spielt heute oftmals auch die Finanzierung einer Kaderversicherung im Bereich BVG eine wichtige Rolle[44]. Dabei ist es durchaus zulässig, wenn zwischen verschiedenen Kategorien von Vorsorgenehmern verschiedene Beitragsansätze oder verschiedene Aufteilungsschlüssel (zwischen Arbeitnehmer und Arbeitgeber) für die Finanzierung bestehen. Gemäss Art. 66 Abs. 1 BVG muss lediglich garantiert sein, dass der Arbeitnehmeranteil an den Beiträgen an die Vorsorgeeinrichtung 50 % nicht übersteigt. Auch ist es nicht zu beanstanden, wenn zwischen verschiedenen Vorsorgenehmerkategorien verschiedene Leistungsziele oder Leistungsarten anvisiert werden.

Zu betonen gilt es, dass eine unterschiedliche Finanzierung nur möglich ist, wenn die Unterteilung in verschiedene Versichertenkategorien nach «objektiven Kriterien» vorgenommen wird. Es ist dabei vorausgesetzt, dass die entsprechenden objektiven Zuteilungskriterien nicht von vornherein nur auf eine Person zutreffen. Unzulässig und im beschriebenen Sinne nicht objektiv wäre ein Zuteilungsschlüssel, der die Zuweisung zu einer bestimmten Versichertenkategorie von einem Beteiligungsverhältnis der Vorsorgenehmer zum Unternehmen abhängig machen

---
[44] Vgl. dazu umfassend Maute/Steiner/Rufener.

Steuerrechtliche Beurteilung einzelner Gehaltsnebenleistungen

würde. Die Zuteilung zu einer bestimmten Versichertengruppe hat vielmehr in erster Linie nach der beruflichen Stellung des Vorsorgenehmers innerhalb des Unternehmens zu erfolgen. Daneben wäre es allerdings auch zulässig, den Stand der Versicherung des Vorsorgenehmers, wie Alter, Anzahl Dienstjahre bzw. Beitragsjahre, in angemessener Weise zu berücksichtigen. Auch gewisse weitere rein auf den persönlichen Verhältnissen gründende Kriterien, wie Zivilstand, Anzahl Kinder und individuelle Unterstützungspflichten, können für die Zuteilung zu gewissen Vorsorgenehmerkategorien ausschlaggebend sein.

Was die Unterteilung der Vorsorgenehmer nach ihrer beruflichen Stellung im Unternehmen anbetrifft, so besteht in diesem Bereich eine sehr grosse Flexibilität. Es ist beispielsweise möglich, die Gruppeneinteilung lediglich nach Salärhöhe oder nach Stellung im Unternehmen vorzunehmen. So wäre es zulässig, für das Kader eines Unternehmens eine sogenannte «Belétage-Versicherung» vorzusehen, während für das übrige Personal nur der obligatorische Teil versichert wird. Auch eine weitere Unterteilung innerhalb des Kaderpersonals ist grundsätzlich möglich. Sogar eine Kombination rein beruflicher Gründe mit einem auf den Versicherungsstand des Vorsorgenehmers zugeschnittenen Kriterium kann als objektiv und somit als zulässig betrachtet werden.

VI. Einräumung von Beteiligungsrechten

Es wurde bereits erwähnt[45], dass Mitarbeiterbeteiligungsmodelle auf Eigenkapitalbasis immer beliebter[46]

---
[45] Vgl. dazu vorstehend S. 16.
[46] Vgl. dazu umfassend Jäger/Timmermann, S. 318 ff.

Steuerrechtliche Beurteilung einzelner Gehaltsnebenleistungen

werden. Dazu zählen insbesondere die folgenden Arten von Entlöhnungssystemen:
- *Mitarbeiteraktien:* Direkte Beteiligung am Eigenkapital des Unternehmens.
- *Optionspläne:* Rechte zum Bezug von Aktien des Unternehmens zu einem festgelegten Preis innerhalb einer bestimmten Ausübungsfrist bzw. an einem bestimmten Ausübungsdatum.
- *Phantom Stocks:* Bonussystem, das auf einem fixen Optionsplan basiert.
- *Duale Optionspläne:* Wahl zwischen bewertbaren Optionen, die bei der Zuteilung besteuert werden, und nicht bewertbaren Bezugsrechten, die erst bei der Ausübung erfasst werden.

Die Abgabe von Aktien und Optionen unter ihrem Marktwert bildet heute eine der wichtigsten (steuerpflichtigen) Gehaltsnebenleistungen des Arbeitgebers. Während die meisten Länder Mitarbeiterpapiere erst bei der Ausübung des Rechtes versteuern, geschieht dies in der Regel in der Schweiz bereits zum Zeitpunkt der Zuteilung[47]. Die Steuerbasis richtet sich nach der Ausgestaltung des Beteiligungsplans:
- Bei freien Aktien muss die volle Differenz zwischen dem Verkehrswert und dem Abgabewert als Einkommen versteuert werden.
- Bei gebundenen Aktien wird die Verfügungsschwelle berücksichtigt, indem der Verkehrswert pro Jahr um 6% reduziert wird (max. 10 Sperrjahre).
- Bei Optionen gilt die Differenz zwischen dem objektiven Wert der Option und dem Abgabepreis als steuerbares Einkommen.

---
[47] Vgl. *Kreisschreiben Nr. 5 der Eidgenössischen Steuerverwaltung über die Besteuerung von Mitarbeiteraktien und Mitarbeiteroptionen vom 30. April 1997.*

Steuerrechtliche Beurteilung einzelner Gehaltsnebenleistungen

Wenn bei der Zuteilung keine objektive Bewertung möglich ist, erfolgt eine Besteuerung erst bei der Ausübung. Nicht bewertbar sind Optionen mit einer über fünfjährigen Verfügungssperre mit einer Laufzeit von mehr als zehn Jahren sowie Optionen mit anderen individuellen Charakteristiken. Beteiligungspläne unterliegen der Vermögenssteuer. Der durch Verkauf oder durch Ausübung erzielte Kapitalgewinn bleibt dagegen steuerfrei. Verfällt eine Option oder wird eine Aktie mit Verlust verkauft, besteht kein Anspruch auf die Rückerstattung von bereits bezahlten Steuern.

VII. Gewährung von Pauschalspesen

1. Grundsatz

Eine der bedeutendsten Gehaltsnebenleistungen stellt die Entrichtung von Pauschalspesen, insbesondere von Repräsentationsspesen, dar. Solche Spesenpauschalen werden oft (auch) mit der Absicht der Steueroptimierung ausbezahlt. Bei den Repräsentationsspesen handelt es sich um Auslagen, die sich einer eindeutigen Zuordnung entziehen und gewissermassen an der Nahtstelle zwischen Berufsauslagen und Spesen anzusiedeln sind. Sie können sowohl während eines konkreten Auftrages (z.B. Kosten für ein Geschenk), als auch vor oder nach Abschluss der ordentlichen Arbeitstätigkeit anfallen (z.B. private Einladung eines potentiellen Kunden). Sehr oft handelt es sich auch um Auslagen, die wohl von einem gewissen dienstlichen Interesse sind, sich aber auch gleichermassen zwischen beruflich notwendigen Aufwendungen und Lebenshaltungskosten bewegen (z.B. Mitgliedskosten für Verbände, Fachzeitschriften etc.) und deshalb alle Beteiligte (Arbeitgeber, Pflichtige und Steuerverwaltung) vor das Problem der steuerlichen Behandlung stellen.

Steuerrechtliche Beurteilung einzelner Gehaltsnebenleistungen

Schwierigkeiten bereitet den Arbeitgebern neben dem Ausfüllen des Lohnausweises bereits vorab die Festsetzung der Höhe[48] der Pauschalspesen, die nicht Bestandteil des Bruttosalärs im Lohnausweis bilden. Gemäss Ziff. 44 der «Erläuterungen zum Lohnausweis-Formular»[49] sind die Arbeitgeber nämlich verpflichtet, Vergütungen, die zwar als «Spesenvergütungen» bezeichnet werden, denen aber nur *unbedeutende Auslagen* des Arbeitnehmers gegenüberstehen, in den Bruttolohn einzubeziehen. Dies bedeutet, dass sich Arbeitgeber, die ihren Arbeitnehmern nicht den effektiven Spesen entsprechende, d.h. zu hohe Repräsentationspauschalen zukommen lassen und diese nicht zum Bruttolohn addieren, des unrichtigen Ausfüllens des Lohnausweises schuldig machen. Sowohl Treuhänder als auch Arbeitgeber sind daher gut beraten, Pauschalspesen nur in dem Umfang vom Bruttolohn auszunehmen, der mit einiger Sicherheit der Höhe der effektiven Spesen entspricht. Im übrigen aber ist – z.B. beim Vorliegen einer überhöhten arbeitsvertraglichen Pauschalspesenvereinbarung – die Differenz zum Bruttolohn zu addieren. Arbeitsvertragliche Spesenvereinbarungen präjudizieren das steuerlich korrekte Ausfüllen des Lohnausweises bzw. der Steuererklärung in keiner Weise.

2. Häufigste Erscheinungsformen

a) Verpflegungspauschale
Im Regelfall werden auswärtige Verpflegungsspesen gemäss Beleg vergütet. Verzichtet aber der Arbeitgeber auf den Nachweis der effektiven Verpflegungskosten für

---

[48] Arbeitgeber bzw. Treuhänder und Steuerberater sind auch heute noch oft der irrigen Meinung, in der Festsetzung der Höhe der Pauschalspesen frei zu sein, sofern der Betrag im Lohnausweis bescheinigt wird.
[49] Vgl. Anhang 1, S. 116.

Steuerrechtliche Beurteilung einzelner Gehaltsnebenleistungen

auswärtige Mittag- und Abendessen und entrichtet stattdessen eine Fallpauschale, so hat der Mitarbeiter auf diese auch Anspruch, wenn die effektiven Kosten deutlich tiefer liegen. Demzufolge werden die Verpflegungspauschalen geringfügig tiefer angesetzt als die Höhe der Richtwerte[50] für effektive Verpflegungsspesen. In der Regel werden Verpflegungspauschalen für Mittag- und Abendessen in der Höhe von Fr. 25.– bis Fr. 27.– akzeptiert.

b) Autopauschale
Die Festsetzung einer Pauschale für den geschäftlichen Gebrauch des Privatwagens setzt in erster Linie voraus, dass das Unternehmen über die *Anzahl gefahrener Geschäftskilometer* informiert ist[51]. Eine Pauschalierung kann überdies nur dann gewährt werden, wenn feststeht, dass die Anzahl der jährlich gefahrenen Geschäftskilometer über mehrere Jahre hinaus relativ konstant ist. Eine Pauschalierung von Autoentschädigungen wird daher in der Regel nur dann akzeptiert, wenn es sich um Aussendienstmitarbeiter handelt, deren Rayon genau feststeht und deren jährlich geschäftlich absolvierte Kilometeranzahl somit keinen grossen Schwankungen unterworfen ist. Bei der Berechnung der Höhe der Autopauschale wird auf die Berechnung der Kilometerkosten des Touring Clubs abgestellt, wobei in der Regel für die Ermittlung von einem Fahrzeugpreis von ca. Fr. 30 000.– bis Fr. 35 000.– und – neben den Geschäftskilometern – von rund 10 000 Privatkilometer pro Jahr ausgegangen wird[52].

---

[50] Vgl. dazu Muster-Spesenreglement, Anhang 2, S. 125.
[51] Es gilt der Grundsatz: Ohne gesicherte Grundlagen keine Pauschalierung.
[52] So wird z.B. bei 25 000 gefahrenen Geschäftskilometern eine jährliche Autopauschale von ca. Fr. 13 000.– genehmigt.

Steuerrechtliche Beurteilung einzelner Gehaltsnebenleistungen

c) *Kleinspesenpauschale*
Verzichtet der Arbeitgeber auf eine effektive Abrechnung von Kleinspesen (auch für nicht leitende Angestellte), so geschieht dies in der Regel durch eine Tagespauschale. Mit dieser Tagespauschale sind sämtliche Kleinspesenauslagen bis ca. Fr. 10.– (z.B. Tram- oder Busfahrten, Parkgebühren, Telefongespräche von auswärts, kleinere Einladungen von Kunden) abgedeckt. Die Höhe der Tagespauschale beläuft sich erfahrungsgemäss auf ca. Fr. 12.– bis Fr. 17.–.

d) *Repräsentationspauschale*
aa) *Kriterien zur Festsetzung
    von Repräsentationspauschalspesen*
Repräsentationsspesen werden für die Aufwendungen bei der Kundenpflege entrichtet und deshalb nur für das «leitende Personal» bewilligt. Als solches gilt bei genehmigten Spesenreglementen – zumindest in den klassischen Dienstleistungsbranchen (z.B. Banken) – ein Mitarbeiter ab Stufe Vizedirektor. Dies schliesst insbesondere Prokuristen sowie (i. d. R.) Chefprokuristen aus. Diese bleiben demzufolge verpflichtet, ihre Kleinspesen gemäss Beleg geltend zu machen. Soweit nicht Titelstufen, sondern Funktionsbezeichnungen massgebend sind (v. a. in der Industrie), muss es sich mindestens um eine der Stellung eines Vizedirektoren vergleichbare Funktionsstufe handeln.

bb) *Höhe der Repräsentationspauschalspesen*
Die Höhe der Pauschalspesen kann nicht allgemein gültig, z.B. in Form eines Prozentsatzes vom Bruttosalär, festgesetzt werden. Sie ist vielmehr abhängig von der Branche[53],

---
[53] Als besonders spesenintensiv gilt z.B. die Vermögensverwaltungsbranche, währenddem bei Handwerkbetrieben der Repräsentationsaufwand eher tiefer ist.

Steuerrechtliche Beurteilung einzelner Gehaltsnebenleistungen

in welcher sich das Unternehmen bewegt, dem allgemeinen Spesenreglement sowie dem Repräsentationsaufwand eines Mitarbeiters bzw. einer Mitarbeiterkategorie. Dabei geht man von der Vermutung aus, dass mit dem beruflichen Aufstieg eines Mitarbeiters und einer entsprechenden Salärerhöhung auch der repräsentative Aufwand zunimmt. Diese Annahme beruht auf der Erfahrung, dass Mitarbeiter mit der Bereitschaft, Kundenkontakte auch ausserhalb der üblichen Arbeitstätigkeit zu pflegen, einen entsprechenden zeitlichen und finanziellen Akquisitionsaufwand haben und vom Arbeitgeber dafür auch leistungsgerecht entlöhnt werden. Dabei kann es im Einzelfall selbstverständlich zu Disproportionen zwischen Salär und Repräsentationsaufwand kommen (z.B. bei einer erst jungen Firma mit hohem Akquisitionsaufwand aber noch geringem Salär für die Mitarbeiter). Soweit ein genehmigtes Spesenreglement vorliegt, kann solchen Spezialfällen allerdings nur beschränkt Rechnung getragen werden.

Mit der Repräsentationspauschale sind sowohl sämtliche Kleinauslagen bis ca. Fr. 30.– pro Auslage als auch sämtliche nicht eindeutig als privat oder beruflich qualifizierbaren Ausgaben (z.B. Privateinladung eines Kunden) abgegolten. Im Rahmen des genehmigten Spesenreglementes werden dabei für Spitzenmanager Pauschalspesen von deutlich mehr als Fr. 1000.– pro Monat bewilligt.

Errichtung eines Spesenreglementes und dessen Genehmigung

I. Voraussetzungen für die Genehmigung eines Spesenreglementes

1. Formelle Voraussetzungen

Der Dispens der betragsmässigen Angabe der effektiven Spesen setzt voraus, dass die beurteilende Steuerbehörde über sämtliche Vergütungen informiert ist, die ein Arbeitgeber unter dem Titel «Spesen» und damit als nicht steuerpflichtige Vergütung auszahlt. Demnach bedarf ein entsprechendes Genehmigungsgesuch positiv folgender Voraussetzungen:
- Sitz der Gesellschaft im entsprechenden Kanton;
- Genehmigung des gesamten Spesenreglementes;
- Spesenregelung für sämtliche Arbeitnehmer des Unternehmens.

Negativ bedarf die Genehmigung des Spesenreglementes:
- keiner Mindestgrösse des Unternehmens.

2. Materielle Voraussetzungen

Im genehmigten Spesenreglement sind ausschliesslich jene Auslagen zu regeln, die steuerrechtlich als *echte Spesen* zu qualifizieren sind. Dies schliesst jeglichen Auslagenersatz aus, der gemäss den «Erläuterungen zum Lohnausweis-Formular»[54] zum Bruttolohn zu addieren ist[55]. Auch jegliche Art von Vergütungen für Lebenshaltungskosten kann nicht genehmigt werden. Nicht nur die verschiedenen Arten von Spesenvergütungen, sondern auch die jeweilige Höhe der Ansätze sind dahingehend festzusetzen, dass darin keinerlei Lohnkomponenten enthalten sind.

---
[54] Vgl. Anhang 1, S. 107 ff.
[55] Vgl. dazu vorstehend S. 44 f.

Errichtung eines Spesenreglementes und dessen Genehmigung

II. Inhalt des Spesenreglementes

1. Zielsetzungen des Unternehmens

Ein Spesenreglement ist oft auch ein Spiegelbild der Zielsetzungen und der wirtschaftlichen Situation eines Unternehmens. Dementsprechend sind auch die Prioritäten eines Spesenreglementes von Unternehmen zu Unternehmen unterschiedlich. Als Zielsetzungen fallen v. a. in Betracht:
- Transparente Regelung des dem Arbeitnehmer zustehenden Spesenersatzes (→ Vermeidung von Diskussionen).
- Bestreben, möglichst grosszügige Entschädigungen unter dem Titel Spesen zu vergüten und damit steuer- und sozialversicherungsrechtliche Belastungen zu verringern (→ eher hohe Spesensätze).
- Bestreben, unnötige Kosten zu senken und damit das Unternehmen finanziell zu entlasten (→ eher tiefe Spesensätze).
- Rationalisierung des Spesenwesens und damit Entlastung der Administration (→ Pauschalisierung der Spesensätze).
- Motivierung der Mitarbeiter zu grösstmöglichem Einsatz für das Unternehmen (→ keine Limitierung der Spesen gemäss effektivem Aufwand).
- Ökologische Zielsetzungen (→ Limitierung der effektiven Spesen, Verwendung öffentlicher Verkehrsmittel).

Es ist offensichtlich, dass sich die verschiedenen Zielsetzungen z. T. ergänzen, z. T. aber auch widersprechen. Demzufolge gibt es denn auch nicht ein für alle Firmen gültiges Spesenreglement, sondern muss – auch wenn heute viele Unternehmen mit dem vom kantonalen Steueramt entwickelten Muster-Reglement[56] arbeiten – ein

---

[56] Vgl. Anhang 2, S. 123 ff.

Errichtung eines Spesenreglementes und dessen Genehmigung

Spesenreglement quasi als Kleid betrachtet werden, das einem Unternehmen nach seinen Bedürfnissen und Zielen auf den Leib geschneidert wird.

2. Aufbau eines Spesenreglementes

In der Regel gliedert sich ein Spesenreglement in drei Teile: Im ersten Teil finden sich die allgemeinen Bestimmungen, die bis zu einem gewissen Grad die Firmenphilosophie im Bereich Spesen widerspiegeln sollten. Im zweiten Teil finden sich die materiellen Spesensätze für Reise- und Übernachtungsspesen etc. Im dritten Teil finden sich v.a. die administrativen Bestimmungen, die der Mitarbeiter bei der Einreichung seiner Spesenabrechnung zu beachten hat. Jede Spesenregelung besteht (mindestens) aus einem Grundreglement, das für alle Mitarbeiter zur Anwendung gelangt, sowie aus allfälligen Zusatzreglementen. Solche Zusatzreglemente werden oft für bestimmte Mitarbeiterkategorien erstellt, z.B.:
- Leitende Angestellte[57];
- Aussendienstmitarbeiter;
- Mitarbeiter mit längerem Auslandaufenthalt.

Ein Spesenreglement wird umso komplexer, je mehr Mitarbeiterkategorien ein spezielles Zusatzreglement beanspruchen. Insbesondere Firmen mit verschiedenen Aussendienstmitarbeiterkategorien sind gezwungen, nicht nur für jede Art von Aussendienstmitarbeitern ein Zusatzreglement zu schaffen, sondern sogar auch innerhalb einer Kategorie zu differenzieren (z.B. verschieden hohe Autoentschädigungen je nach Grösse des Rayons). Demgegenüber kommen die klassischen Dienstleistungsbetriebe, z.B. Banken und Versicherungen, in der Regel

---

[57] Zum Begriff des «leitenden Angestellten» vgl. vorstehend S. 61.

Errichtung eines Spesenreglementes und dessen Genehmigung

mit einem Grundreglement und einem Zusatzreglement für leitende Angestellte aus[58].

III. Verfahren zur Genehmigung des Spesenreglementes

Im Bereich der pauschalen Repräsentationsspesen hat sich das Institut des genehmigten Spesenreglementes in der Praxis sehr gut bewährt. Die Einführung ist allerdings firmenintern oft mit Überzeugungsarbeit und im Verkehr mit den Steuerbehörden mit einem beträchtlichen Zeitaufwand verbunden, der nicht selten sowohl vom Unternehmen als auch vom Treuhänder unterschätzt wird. Trägt sich ein Unternehmen mit dem Gedanken, sein Spesenreglement zu überarbeiten bzw. allenfalls genehmigen zu lassen, ist eine koordinierte Zusammenarbeit aller Beteiligten (Treuhänder, Personalwesen, Abteilungschefs, Geschäftsleitung etc.) unumgänglich. Dabei empfiehlt sich folgendes Vorgehen:

1. Aufnahme des Gesamtbestandes sämtlicher bestehender Spesenregelungen innerhalb des Unternehmens.
2. Festsetzung der Ziele, die mit dem neuen Spesenreglement verfolgt werden sollen.
3. Verfassung eines revidierten Spesenreglementes.
4. Durchführung eines allfälligen internen Vernehmlassungsverfahrens und Verabschiedung des provisorischen Entwurfes des neuen Spesenreglementes.
5. Entscheid über Einreichung des Reglementes zur Genehmigung.
6. Einreichung des Reglemententwurfes zur Genehmigung bei der zuständigen Steuerbehörde.

---

[58] Vgl. Muster-Spesenreglement, Anhang 2, S. 123 ff.

Errichtung eines Spesenreglementes und dessen Genehmigung

7. Besprechung des Reglementsentwurfes mit der Steuerbehörde (Korrekturen sind bei fast jedem Reglement vorzunehmen).
8. Beschluss des Unternehmens, ob angesichts allfälliger Änderungen am Genehmigungsgesuch festgehalten wird.
9. Einreichung des korrigierten Spesenreglementes in der vorgesehenen definitiven Fassung.
10. Einreichung einer unterschriebenen Erklärung[59], worauf die Steuerbehörde den Dispens erteilt.
11. Firmeninterne Bekanntgabe des revidierten Spesenreglementes und Vornahme der notwendigen Änderungen im Lohnprogramm betreffend Ausstellung der Lohnausweise.
12. Zuweisung der (firmeninternen) Verantwortung für die Kontrolle der Einhaltung des genehmigten Spesenreglementes, die vorgängige Antragstellung bei den Steuerbehörden im Falle einer geplanten Reglementsänderung sowie – beim Vorliegen von Pauschalspesen – die Einreichung der Liste von leitenden Angestellten über deren im Vorjahr erhaltenen Pauschalspesen (in der Regel jeweils im ersten Quartal des Folgejahres).

IV. Wirkungen der Genehmigung des Spesenreglementes

1. Dispens von der Bescheinigungspflicht der effektiven Spesen

Die Vorschrift der EStV, wonach im Lohnausweis auch die effektiven Spesen (Hotel-, Flugspesen etc.) für leitendes und

---

[59] Vgl. Muster-Merkblatt zur Genehmigung von Spesenreglementen, Anhang 3, S. 131 f.

Errichtung eines Spesenreglementes und dessen Genehmigung

Aussendienstpersonal aufzuführen sind[60], entfällt, wenn das Spesenreglement genehmigt worden ist (Erteilung des Dispenses). Die Steuerbehörden sind in diesem Fall über die als «effektive Spesen» vom Unternehmen ausbezahlten Vergütungen im Bilde, weshalb eine Bescheinigung keinen Sinn mehr machen würde. Demzufolge bleiben die entsprechenden Felder im Lohnausweis (Ziff. 4) frei und ist der Steuerkommissär auch nicht mehr in der Lage festzustellen, welche effektiven Spesen der Pflichtige erhalten hat.

2. Dispens vom Nachweis der Pauschalspesen

Richtet der Arbeitgeber Pauschalspesen im Sinne von Zeitpauschalen (z.B. Repräsentations- oder Autopauschalen) aus, so müssen diese auch beim Vorliegen eines genehmigten Spesenreglementes im Lohnausweis betragsmässig aufgeführt werden[61]. Da indessen der Arbeitnehmer vom Nachweis der Verwendung der erhaltenen Spesen gegenüber dem Arbeitgeber explizit dispensiert ist, kann auch der Steuerkommissär die Höhe der Pauschalspesen nicht mehr überprüfen bzw. auch keine Aufrechnung mehr vornehmen. Pauschalspesen gemäss genehmigtem Spesenreglement sind für die Einschätzungsbehörden grundsätzlich verbindlich. Bei ausländischen Arbeitnehmern ohne Niederlassungsbewilligung unterliegen diese genehmigten Pauschalspesen nicht mehr der Quellensteuer.

3. Wirkungen der Genehmigung des Spesenreglementes im interkantonalen Verhältnis

Die vom Sitzkanton genehmigten Pauschalspesen werden im interkantonalen Verhältnis (noch) nicht uneingeschränkt

---

[60] Vgl. Ziff. 45 der Erläuterungen zum Lohnausweis-Formular, Anhang 1, S. 116.
[61] Vgl. Ziff. 57 der Erläuterungen zum Lohnausweis-Formular, Anhang 1, S. 119.

Errichtung eines Spesenreglementes und dessen Genehmigung

akzeptiert. Dies ist bedauerlich, aber angesichts der noch nicht harmonisierten kantonalen Steuerrechtsordnungen verständlich, bestehen doch zurzeit noch zu unterschiedliche Steuersysteme in den Kantonen. Mit Ablauf der Harmonisierungsübergangsfrist sollte allerdings einer gesamtschweizerischen Akzeptanz nichts mehr im Wege stehen. Immerhin besteht zwischen den Bodenseekantonen[62] die Vereinbarung, genehmigte Pauschalspesen gegenseitig zu akzeptieren.

V. Beurteilung des Steueroptimierungsspielraumes

Bei der Überprüfung von pauschalen Repräsentationsspesen im Rahmen des genehmigten Spesenreglementes wenden die meisten Steuerverwaltungen eine relativ grosszügige Praxis an. Die Festsetzung von Repräsentationspauschalen steht nämlich im Interesse des Unternehmens, des Mitarbeiters und auch der Steuerverwaltung. Der Steueroptimierungsspielraum ist aber beschränkt, da sich die Höhe der genehmigten Pauschalspesen in der Nähe der effektiven Auslagen bewegen sollte. Für das Unternehmen (und auch den Mitarbeiter) hat die Genehmigung der Pauschalspesen aber den gewichtigen Vorteil, dass bereits zum *vornherein* feststeht, welcher Betrag als effektiv steuerfreie Gehaltsnebenleistung in Form dieser Repräsentationspauschale ausbezahlt werden kann. Dies verhindert die oft zu einem späteren Zeitpunkt auftretenden Schwierigkeiten des Mitarbeiters, den – erfahrungsgemäss sehr schwierigen – Nachweis der Verwendung dieser Pauschalspesen erbringen zu müssen. Bei

---
[62] Vgl. FN 30.

Errichtung eines Spesenreglementes und dessen Genehmigung

nicht genehmigten Pauschalspesen fällt überdies oft beim Unternehmen ein Zusatzaufwand an, wenn der Mitarbeiter seine Firma bittet, ihm beim Nachweis der Verwendung der Pauschalspesen gegenüber dem Steueramt behilflich zu sein. Alle diese Probleme können mit der Genehmigung des Spesenreglementes bzw. der Pauschalspesen effizient gelöst werden.

Zusammenfassung

Insgesamt ergibt sich als Fazit, dass bei der Entrichtung von Gehaltsnebenleistungen der Steueroptimierungsspielraum geringer ist, als sich dies Unternehmen bzw. Treuhänder und Steuerberater teilweise vorstellen. Die Steuerverwaltungen haben klare Richtlinien mit dem Ziel verfasst, eine privilegierte Besteuerung von Gehaltsnebenleistungen weitgehend zu verhindern. Dennoch besteht in einigen Bereichen, z.B. im Bereich Geschäftswagen und Pauschalspesen, ein zwar geringer, aber unbestrittener Optimierungsspielraum. Unter diesem Gesichtspunkt erweist sich die Fokussierung auf die Steueroptimierung bei der Prüfung von Gehaltsnebenleistungen als zu einseitig. Die Entrichtung von Gehaltsnebenleistungen muss vielmehr innerhalb der gesamten Unternehmensstrategie geprüft werden und es muss stets bedacht werden, dass die Umsetzung oft relativ aufwändig ist. Dabei wird die Problematik des korrekten Ausfüllens des Lohnausweises bei Entrichtung von Gehaltsnebenleistungen nicht selten unterschätzt.

Teil 4

Abzugsfähige Berufsauslagen

Grundlagen

I. Rechtsgrundlagen

Im Bundesgesetz über die Harmonisierung der direkten Steuern der Kantone und Gemeinden (StHG) vom 14. Dezember 1990, welches spätestens per 1. Januar 2001 in allen Kantonen umgesetzt sein muss[63], werden die Berufsauslagen in Art. 9 Abs. 1 StHG wie folgt umschrieben:

«Von den gesamten steuerbaren Einkünften werden die zu ihrer Erzielung notwendigen Aufwendungen und die allgemeinen Abzüge abgezogen. Zu den notwendigen Aufwendungen gehören auch die mit dem Beruf zusammenhängenden Weiterbildungs- und Umschulungskosten.»

Im Bundesgesetz vom 14. Dezember 1990 über die direkte Bundessteuer (DBG) werden die Berufsauslagen in Art. 26 Abs. 1 DBG wie folgt umschrieben:

«Als Berufskosten werden abgezogen:
a. die notwendigen Kosten für Fahrten zwischen Wohn- und Arbeitsstätte;
b. die notwendigen Kosten für Fahrten zwischen Wohn- und Arbeitsstätte und bei Schichtarbeit;
c. die übrigen für die Ausübung des Berufes erforderlichen Kosten;
d die mit dem Beruf zusammenhängenden Weiterbildungs- und Umschulungskosten.»

In der Verordnung über den Abzug von Berufskosten der unselbstständigen Erwerbstätigkeit bei der direkten Bundessteuer vom 10. Februar 1993[64] werden die Berufskosten in Art. 1 Abs. 1 wie folgt umschrieben:

«Als steuerlich abziehbare Berufskosten der unselbstständigen Erwerbstätigen gelten Aufwendungen, die für die Erzielung des Einkommens erforderlich sind und in einem direkten ursächlichen Zusammenhang dazu stehen.»

---
[63] Vgl. Art. 72 Abs. 1 StHG.
[64] Nachfolgend «Verordnung DBG».

Grundlagen

Für eine steuerliche Abzugsfähigkeit wird damit einerseits vorausgesetzt, dass die Berufskosten für die Erzielung des Einkommens «erforderlich» sind[65] und anderseits, dass ein bestimmter Zusammenhang zwischen den Berufskosten und der Einkommenserzielung (ein «direkter ursächlicher Zusammenhang») besteht[66].

II. Begriffsdefinitionen in der Lehre

Die Problematik des Gewinnungskostenbegriffs zeigt sich daran, dass die verschiedenen umfassenden Begriffsdefinitionen der Lehre von völlig unterschiedlichen Ansätzen ausgehen:

Fuisting[67]:

> Gewinnungskosten sind die unmittelbar zum Zweck der Gütererzeugung geleisteten Ausgaben.

Blumenstein[68]:

> Gewinnungskosten bestehen in denjenigen Aufwendungen, welche der Steuerpflichtige macht, um während eines bestimmten Zeitraumes (Bemessungsperiode) ein Einkommen zu erzielen. Begriffsnotwendig ist, dass sie erfolgten, um gerade die Einkünfte herbeizuführen, die in dem betreffenden Steuerjahr als Einkommen erfasst werden sollen.

---

[65] Vgl. nachfolgend S. 78 ff.
[66] Vgl. nachfolgend S. 77 f.
[67] Vgl. dazu Fuisting, S. 140.
[68] Vgl. Blumenstein, S. 437; ebenso Blumenstein/Locher, S. 222.

Grundlagen

Nach dieser Definition von Blumenstein ist somit die subjektive Absicht des Steuerpflichtigen massgebend, die Ausgaben nur zur Erzielung eines Einkommens zu machen. Ob der verfolgte Zweck, nämlich die Erzielung von Einkommen, auch tatsächlich erreicht wird, ist nicht entscheidend. Abzugsfähig sind somit auch Auslagen, die sich als Fehldispositionen erweisen.

Känzig[69]:

> Gewinnungskosten sind diejenigen das Reineinkommen mindernden Aufwendungen eines Steuerpflichtigen, die die Erzielung des steuerbaren Einkommens mit sich bringt.

Die Schwäche der vorgenannten Definition Blumenstein ist, dass sie Ausgaben, die lediglich eine Folge- oder Begleiterscheinung der Einkommenserzielung sind, nicht zu erfassen vermag. Nach der Definition Känzig können demgegenüber solche Ausgaben als abzugsfähige Gewinnungskosten gelten.

Höhn/Waldburger[70]:

> Gewinnungskosten sind Kosten, welche direkt ursächlich mit der Ausübung des Berufs zusammenhängen. Sie stellen eine direkte, unmittelbare Voraussetzung oder eine unvermeidliche Folge der Einkommenserzielung dar.

Die Definition Höhn/Waldburger stellt gewissermassen eine Synthese der Definitionen Blumenstein und Känzig dar. Abzugsfähig sind einerseits diejenigen Kosten, die eine direkte Voraussetzung der Einkommenserzielung

---

[69] Vgl. Känzig, N 4 zu Art. 22 Abs. 1 lit. a.
[70] Vgl. Höhn/Waldburger, S. 232; ebenso Waldburger/Schmid, S. 24.

Grundlagen

darstellen (vgl. Definition Blumenstein), und andererseits diejenigen Kosten, die eine direkte Folge der Einkommenserzielung darstellen (vgl. Definition Känzig).

III. Intensität des Zusammenhangs

Der geforderte Zusammenhang zwischen Berufsauslagen und der Erzielung von Einkommen setzt zunächst selbstverständlich voraus, dass überhaupt Einkommen aus unselbstständiger Erwerbstätigkeit erzielt wird. Umgekehrt formuliert, stehen die Abzüge für Berufsauslagen jedem unselbstständig erwerbenden Steuerpflichtigen zu. Bei Mitarbeit eines Ehegatten im Beruf, Geschäft oder Gewerbe des anderen Ehegatten sind sie dann (und nur dann) zulässig, wenn ein Arbeitsverhältnis besteht und hierüber mit den Sozialversicherungen abgerechnet wird[71].

Die geforderte Nähe des Zusammenhanges zwischen den Gewinnungskosten und der Einkommenserzielung wird in Literatur und Rechtsprechung sehr unterschiedlich umschrieben:

- direkter Zusammenhang;
- erheblicher Zusammenhang;
- unmittelbarer Zusammenhang;
- direkter ursächlicher Zusammenhang;
- innerer Zusammenhang;
- organischer Zusammenhang;
- qualifiziert enger Zusammenhang;
- kausaler Zusammenhang;
- logischer Zusammenhang;
- wenigstens überwiegender Zusammenhang;
- wirtschaftlicher Zusammenhang.

---
[71] Vgl. Art. 33 Abs. 2 DBG.

Grundlagen

Letztlich vermögen allerdings diese Umschreibungen keine klare Abgrenzung der Berufsauslagen von den nicht abziehbaren Lebenshaltungskosten zu treffen. Diese Abgrenzung kann – insbesondere in den Grenzbereichen – nur durch eine Wertung vorgenommen werden[72].

IV. Anforderungen an die Notwendigkeit der Aufwendungen

Grundsätzlich werden von der Gesetzgebung nur jene Aufwendungen als Gewinnungskosten zum Abzug zugelassen, welche zur Erzielung der Erwerbseinkünfte *notwendig* sind. Die Praxis, die sich mit dem Tatbestandsmerkmal der Notwendigkeit immer schwer getan hat, hat zwei Wege gefunden, um die Härte der gesetzlichen Regelungen etwas aufzuweichen. Zum einen hält sie, ohne das Tatbestandsmerkmal als solches aufzugeben, dafür, die Auffassung über das zur Einkommenserzielung Notwendige könne sich im Laufe der Zeit als Folge veränderter Lebensgewohnheiten wandeln. Zum andern aber wird immer häufiger auf das Kriterium der «Notwendigkeit» ganz verzichtet und es wird stattdessen auf folgende Kriterien abgestellt:

- Nützlichkeit;
- Üblichkeit;
- Unzumutbarkeit der Vermeidung *(«Unzumutbarkeitskonzept»)*[73].

---

[72] Vgl. nachfolgend S. 103 ff.
[73] Auf das Unzumutbarkeitsprinzip stellen neuerdings namentlich Waldburger/Schmid, S. 25 ff. in ihrem Gutachten für den Kanton Zürich ab.

Die Praxis ist sich jedenfalls einig, dass der Begriff der Erforderlichkeit in einem weiteren Sinn auszulegen ist[74].

> Gemäss Gesetzeswortlaut gilt das Erfordernis der Notwendigkeit für die Weiterbildungs- und Umschulungskosten nicht mehr[75].

Beispiel: X ist Zoolehrer am Zoologischen Garten Zürich. Zur Erstellung von Informations- und Arbeitsunterlagen schafft er sich einen Personalcomputer an. Er bezweckt damit, «seine berufliche Arbeit zu erleichtern und sie leistungsbetonter abzuwickeln»[76].
Sind die Auslagen für den Personalcomputer notwendig oder nützlich oder nur der Bequemlichkeit dienend?
Es ist wohl ohne weiteres einleuchtend, dass dem Zoolehrer *nicht zuzumuten* ist, die Anschaffungskosten des Computers *zu vermeiden*. Hingegen kann nicht behauptet werden, die Kosten des Computers seien *notwendig* für die Ausübung des Berufes. Der Beruf kann nämlich auch ohne Computer ausgeübt werden, nur eben qualitativ schlechter, mühseliger oder weniger effizient. Da der Sachverhalt deshalb nicht unter den Begriff der notwendigen Ausgaben subsumiert werden kann, hat sich das Verwaltungsgericht, um ein unbilliges Ergebnis zu vermeiden, eines Kunstgriffes beholfen: den notwendigen Ausgaben werden alle jene Auslagen gleichgesetzt, deren Vermeidung dem Steuerpflichtigen nicht zuzumuten ist.
Die Abzugsfähigkeit von Computerauslagen wurde demgegenüber verneint in einem Entscheid der Steuer-

---

[74] *Vgl. z.B. BGE 113 Ib 114, v. a. S. 119; StR 44 (1989), S. 350, = ASA 59, S. 350.*
[75] *Art. 26 Abs. 1 lit. d DBG, Art. 9 Abs. 1 Satz 2 StHG*
[76] *So der Sachverhalt von RB 1984 Nr. 37.*

Grundlagen

kommission Bern[77]. Zur Begründung wurde ausgeführt, der Steuerpflichtige (ein Lehrer) habe den Computer nicht gekauft, um seinen Arbeitslohn erzielen zu können; bei Erteilung des Unterrichts ohne den Computer hätte er genau das gleiche Einkommen erzielt, es fehle deshalb an der engen Verbindung bzw. an der Notwendigkeit für die Einkommenserzielung.

Wiederum bejaht wurden diese Auslagen in einem späteren Entscheid der Steuerrekurskommission Bern[78] mit der Begründung, die jederzeitige Verfügbarkeit eines Personal Computers sei für einen Sekundarlehrer, der einige Lektionen Informatikunterricht erteile, eine Notwendigkeit.

Auch wenn die Abzugsfähigkeit bejaht wird, wird praxisgemäss ein Privatanteil von 25% als nicht abzugsfähige Lebenshaltungskosten ausgeschieden[79].

---

[77] Vgl. StE 7 (1990), [BE] B 22.3 Nr. 35 = StR 45 (1990), S. 258 ff.; vgl. auch den Kommentar von Dormond, S. 528 f.; ebenso BstPra 13 (1997), S. 467 ff.; PVG 1989 Nr. 60, S. 156 f.
[78] Vgl. StE 16 (1999), [BE/DBG] B 22.3 Nr. 67.
[79] Vgl. auch StE 16 (1999), [BE/DBG] B 22.3 Nr. 67; StR 48 (1993), S. 27 ff. = ASA 62, S. 403 ff. = StE 10 (1993), [BdBSt] B 22.3 Nr. 49; vgl. zum Ganzen auch Funk, S. 111 ff.

Arten von Berufsauslagen

I. Fahrtkosten

1. Grundsatz
Die Kosten für Fahrten zwischen Wohn- und Arbeitsstätte sind i. d. R. als Berufsauslagen anerkannt. Die Entfernung muss so gross sein, dass dem Steuerpflichtigen ein Fussmarsch nicht zugemutet werden kann (das Bundesgericht spricht von «beachtenswerter Entfernung»[80]). Eine Distanz von 2 km gilt bereits als beachtliche Entfernung. Die Grenze der Zumutbarkeit wird in der Regel bei 1–1,5 km oder 15 bis 20 Gehminuten festgelegt[81].

2. Art des benützten Verkehrsmittels
Beispiel: X arbeitet in Zürich und wohnt in einem abgelegenen, selbst renovierten Bauernhof. Sein Arbeitsweg beträgt mit den öffentlichen Verkehrsmitteln zwei mal zweieinhalb Stunden täglich; mit dem Privatfahrzeug hingegen lediglich zwei mal dreissig Minuten.

Meines Erachtens wäre es durchaus angezeigt, bei grosser Entfernung zwischen Wohn- und Arbeitsort tendenziell von privaten Motiven der Wohnsitznahme und damit in Bezug auf die Fahrtkosten von *Lebenshaltungskosten* auszugehen. In der Praxis ist allerdings unerheblich, ob die Arbeitsstätte unfreiwillig von der Wohnstätte entfernt ist, weil keine nähergelegene geeignete Wohnstätte gefunden werden kann, oder ob die Entfernung auf dem *freien Willen* des Steuerpflichtigen beruht. Massgebend ist allein, *dass* Wohn- und Arbeitsstätte voneinander entfernt sind. Es wird mit anderen Worten nicht als zumutbar erachtet, dass der Steuerpflichtige näher zur Arbeitsstätte hin umzieht.

---

[80] *BGE 78 I 374 ff. = ASA 21, S. 432 ff.*
[81] *Vgl. Maute, S. 374.*

Arten von Berufsauslagen

Bei Benutzung privater Fahrzeuge sind als notwendige Kosten jedenfalls die Auslagen abziehbar, die bei Benutzung der öffentlichen Verkehrsmittel anfallen würden. Sehr unterschiedlich ist die kantonale Praxis bei der Frage, ob die Billettkosten der ersten Klasse abzugsfähig sind. Die einen Kantone lassen diese Kosten sehr grosszügig zu; andere Kantone hingegen nur dann, wenn besondere Umstände, z.B. körperliche Gebrechen dies rechtfertigen.

Die Kosten des Privatfahrzeuges sind dann abzugsfähig, wenn kein öffentliches Verkehrsmittel zur Verfügung steht oder wenn die Benutzung eines öffentlichen Verkehrsmittels für den Steuerpflichtigen nicht zumutbar ist[82]. Die Zumutbarkeit ist namentlich nicht gegeben bei

- Krankheit oder Gebrechen;
- beachtliche Entfernung der nächsten Haltestelle;
- schlechte Bahn- oder Busverbindungen;
- Arbeitsbeginn oder -schluss ausserhalb der Verkehrszeiten;
- erheblicher zeitlicher Mehraufwand bei Benutzung der öffentlichen Verkehrsmittel[83].

Das EFD hat in einer Ergänzung zur Verordnung DBG entsprechende Pauschalansätze für Fahrräder, Motorfahrräder, Kleinmotorräder, Motorräder und Autos festgelegt.

---

[82] Vgl. NStP 49 (1995), S. 81 ff.; ASA 41, S. 586; StE 2 (1985), [NE] B 22.3 Nr. 6.
[83] Vgl. BlStPr 11 (1993), S. 346 ff.; AGVE 1997, S. 404 ff.; AGVE 1986, S. 380 ff. = StE 4 (1987), [AG] B 22.3 Nr. 14.

3. Faustregeln

> - Die Benutzung eines öffentlichen Verkehrsmittels ist für den Steuerpflichtigen dann nicht zumutbar, wenn der Zeitgewinn infolge Autobenutzung mindestens 1 Stunde pro Arbeitstag beträgt.
> - Ein Fussmarsch von 1–1,5 km pro Weg gilt noch als zumutbar.
> - Ein steuerfreier «fringe benefit» lässt sich in der Regel dadurch erzielen, dass der Arbeitgeber dem Arbeitnehmer einen Geschäftswagen auch zum Privatgebrauch zur Verfügung stellt[84].

II. Mehrkosten infolge der Mittagspause

1. Fahrtkosten sind grösser als die Verpflegungsmehrkosten

Abzugsfähig sind nicht die gesamten Verpflegungskosten, sondern höchstens die Mehrkosten der auswärtigen Verpflegung[85].

Nur der halbe Abzug ist zulässig, wenn die Verpflegung vom Arbeitgeber verbilligt wird (Beiträge in bar, Abgabe von Gutscheinen etc.) oder wenn sie in einer Kantine, einem Personalrestaurant oder einer Gaststätte des Arbeitgebers eingenommen werden kann. Interessant ist in diesem Zusammenhang die folgende Kontroverse:

Wenn der Arbeitgeber solche Möglichkeiten zur Verbilligung der Verpflegung zur Verfügung stellt, der Arbeitnehmer jedoch nachgewiesenermassen auf diese Möglichkeit verzichtet, ist ihm die volle Pauschale für Mehrkosten der Verpflegung zu gewähren[86].

---

[84] Vgl. vorstehend S. 45 f.
[85] Vgl. Art. 5 Abs. 4 DBG; AGVE 1995, S. 443 ff.; StE 1 (1984), [ZH] B 22.3 Nr. 4; StE 9 (1992), [OW] B 22.3 Nr. 44; StE 6 (1989), [NE] B 22.3 Nr. 28 = StR 46 (1991), S. 635 f.
[86] Vgl. StE 8 (1991), [ZH] B 22.3 Nr. 38; gegenteiliger Auffassung allerdings StE 7 (1990), [GL] B 22.3 Nr. 34.

Arten von Berufsauslagen

2. Fahrtkosten sind kleiner als die Verpflegungsmehrkosten

Abzugsfähig sind grundsätzlich nur die Fahrtkosten[87].

Die Verpflegungsmehrkosten sind dann abzugsfähig, wenn der Steuerpflichtige wegen grosser Entfernung zwischen Wohn- und Arbeitsort oder wegen kurzer Essenspause nicht genügend Zeit hätte, um das Mittagessen zu Hause einzunehmen.

3. Faustregeln

Mehrkosten infolge der Mittagspause

Fahrtkosten sind grösser als die Verpflegungskosten	Fahrtkosten sind kleiner als die Verpflegungskosten
Abzugsfähig sind die Mehrkosten der auswärtigen Verpflegung. Teilweise wird geprüft, ob es zumutbar sei, dass der Steuerpflichtige auswärts zu Mittag essen[88].	Abzugsfähig sind die Fahrtkosten. Die Verpflegungskosten sind dann abzugsfähig, wenn der Steuerpflichtige wegen grosser Entfernung zwischen Wohn- und Arbeitsort oder bei aus beruflichen Gründen sehr kurzer Essenspause eine Hauptmahlzeit nicht zu Hause einnehmen kann.

---

[87] Vgl. AGVE 1969, S. 203 ff. = ZBl 71 (1970), S. 229 ff.; ASA 41, S. 26 ff. = StR 27 (1972), S. 563 ff.
[88] Vgl. AGVE 1996, S. 407 ff.

4. Schwer- und Schichtarbeit

Ausserordentliche Verpflegungskosten zufolge Schwer-, Schicht- oder Nachtarbeit stellen immer Gewinnungskosten dar[89].

III. Berufsbedingte Bekleidungskosten

Auslagen für Zivilkleider, welche im Beruf getragen werden, gelten regelmässig als Lebenshaltungskosten bzw. «Standesausgaben»[90]. In diesem Sinn bestimmt Art. 34 lit. a DBG ausdrücklich, dass der «durch die berufliche Stellung des Steuerpflichtigen bedingte Privataufwand» nicht abziehbar ist.

Ausnahmsweise wird die Abzugsfähigkeit trotz diesem Grundsatz bejaht bei besonderem Verschleiss der beruflich verwendeten Zivilkleider.

Abzugsfähig sind indessen die Kosten von Anschaffung, Reinigung und Unterhalt besonderer Arbeits- oder Berufskleider, soweit sie nicht vom Arbeitgeber ersetzt werden (wie Berufsmäntel, Berufsschürzen, Gummistiefel, Frack für Kellner, «Outfit» einer Bardame etc.)[91].

IV. Berufswerkzeuge und Fachliteratur

Gemäss der zwingenden Bestimmung des Obligationenrechts[92] hat der Arbeitgeber dem Arbeitnehmer alle durch die Ausführung der Arbeit notwendig entstehenden Aus-

---
[89] Vgl. auch Art. 26 Abs. 1 lit. b DBG; a. M. noch ZBl 58 (1957), S. 350 ff.
[90] Vgl. BStPra 13 (1997), S. 329 ff.; Nr. 41. BStPra 13 (1997), S. 467 ff.
[91] Vgl. RB 1983, Nr. 41.
[92] Vgl. Art. 327 Abs. 1 OR.

Arten von Berufsauslagen

lagen zu ersetzen, bei Arbeit an auswärtigen Arbeitsorten auch die für den Unterhalt erforderlichen Aufwendungen.

Kann es unter Berücksichtigung dieses Artikels überhaupt weitergehende Gewinnungskosten geben? Dies ist insbesondere dann zu bejahen, wenn nicht auf die Notwendigkeit abgestellt wird, sondern auf die Unzumutbarkeit der Vermeidung (Unzumutbarkeitskonzept[93]). Der Arbeitnehmer hat solche Kosten naturgemäss selten selbst zu tragen; trotzdem darf angesichts dieser Rechtslage aus dem Umstand, dass der Arbeitgeber dem Arbeitnehmer ein Arbeitsgerät nicht überlässt und ihn für ein solches auch nicht entschädigt, nicht ohne weiteres geschlossen werden, das Hilfsmittel sei nicht berufsnotwendig.

Schwierigkeiten bereitet die Abzugsfähigkeit der Kosten für mehrere Jahre lang nutzbare Gegenstände (Fahrzeug, Computer, etc.). Da es sich steuerlich um Privatvermögen handelt, sind Abschreibungen im betriebswirtschaftlichen Sinne nicht zulässig[94]. Zusätzlich ist zu berücksichtigen; ob der Gegenstand teilweise auch privat genutzt worden ist.

> Als Berufskosten ist der «Berufsanteil» an der Wertverminderung des zum Privatvermögen gehörenden Gegenstandes abziehbar.

Beispiel: Ein unselbstständig Erwerbstätiger im Aussendienst erwirbt für 30 000 Fr. ein Auto, das er zu 80% berufsnotwendig benützt. Nach der voraussichtlichen fünfjährigen Nutzungsdauer wird der Restwert schätzungsweise 5 000 Fr. betragen. Der jährliche Minderwert beträgt somit durchschnittlich 5 000 Fr. Davon sind 80%, d.h. 4 000 Fr. berufsnotwendige Kosten.

---

[93] Vgl. vorstehend § 7 IV, S. 85 f.
[94] Vgl. Art. 28 DBG; Art. 10 Abs. 1 lit. a StHG.

Arten von Berufsauslagen

Fachliteratur ist das «Berufswerkzeug des Intellektuellen»; demzufolge gilt auch für Fachliteratur sinngemäss das zu den Berufswerkzeugen Ausgeführte. In der Regel sind zudem auf die Fachliteratur auch die Grundsätze der Abzugsfähigkeit von Weiterbildungskosten analog anwendbar[95].

Die Ausgaben für Literatur tragen Merkmale von Gewinnungskosten, Anlagekosten und Lebenshaltungskosten. Vielfach wird deshalb ein Privatanteil ausgeschieden[96], wobei jeweils auf die Umstände des Einzelfalls abzustellen ist. Entscheidend sind folgende Kriterien:

- Art der Berufstätigkeit;
- Wichtigkeit von Fachliteratur als Hilfsmittel der täglichen Berufsausübung;
- vom Arbeitgeber zur Verfügung gestellte Hilfsmittel;
- Möglichkeit der Benutzung öffentlicher Bibliotheken für einzelne Werke;
- Angebot billigerer Ausgaben auf dem Markt;
- Umfang der Aufwendungen im Verhältnis zum erzielten Einkommen.

---

[95] Vgl. StE 6 (1989), [BL] B 22.3 Nr. 25 = BlStPr 10 (1988), S. 98 ff.
[96] Vgl. StE 6 (1989), [FR] B 22.3 Nr. 30.

Arten von Berufsauslagen

V. Kosten der beruflichen Weiterbildung

1. Übersicht

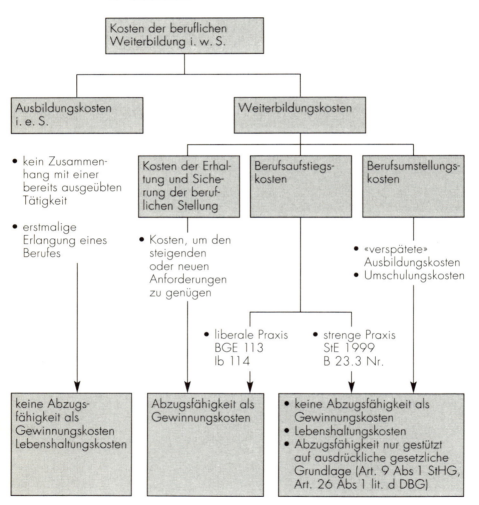

Arten von Berufsauslagen

2. Abgrenzung von Ausbildungs- und Weiterbildungskosten

Weiterbildungsmassnahmen dienen *der Erhaltung* oder *Verbesserung* der Stellung in *jenem Beruf*, aus welchem das in der Berechnungsperiode steuerbare *Erwerbseinkommen* des Steuerpflichtigen stammt. Dazu gehören insbesondere auch die Aneignung von Kenntnissen und Fähigkeiten, die nötig sind, um neuen Anforderungen im Beruf genügen zu können (z.B. Informatik, im Beruf nötige Sprachkenntnisse; nicht anerkannt wurden Auslagen im Zusammenhang mit einem Nationalfondsprojekt sowie die Aufwendungen für die USA-Reise eines Geographielehrers)[97].

Die Abgrenzung von Ausbildungs- und Weiterbildungskosten kann mitunter schwierig sein, besonders bei den sogenannten Berufsaufstiegskosten. Auch der Berufsaufstieg verlangt gelegentlich eine weitere Ausbildung. Deren Besonderheit liegt darin, dass sie in der Regel auf der ursprünglichen Ausbildung aufbaut und nicht einer Berufsumstellung, sondern dem Aufstieg im angestammten Beruf dient. Solche Berufsaufstiegskosten sind in der Regel keine Weiterbildungs-, sondern Ausbildungskosten und damit nicht abziehbar. Es fehlt sowohl am wirtschaftlichen als auch am zeitlichen Zusammenhang mit dem der Besteuerung unterliegenden Arbeitseinkommen.

---

[97] *Vgl. BGE 113 Ib 114 = ASA 57, S. 645 = StR 43 (1988), S. 232 = StE 5 (1988), [BdBSt] B 27.6 Nr. 5; vgl. Kreisschreiben Nr. 26 der Eidgenössischen Steuerverwaltung 1995/1996, Ziff. 3.2; ASA 62, S. 403 = StR 48 (1993), S. 27; ASA 57, S. 645; StE 6 (1988), [ZH] B 27.6 Nr. 6; StE 5 (1987), [SO] B 22.3 Nr. 18. Keine Weiterbildungskosten: StE 8 (1991), [ZH; Geographielehrer] B 22.3 Nr. 42; StE 9 (1992), [OW; Buchhalter mit eidg. Fachausweis] B 27.6 Nr. 10.*

Arten von Berufsauslagen

3. Umschulungskosten

Umschulungskosten werden gestützt auf Art. 9 Abs. 1 StHG sowie Art. 26 Abs. 1 lit. d DBG zum Abzug zugelassen.

Voraussetzung hierfür ist jedoch, dass der Steuerpflichtige durch *äussere Umstände* zur Umschulung veranlasst wird. Mit dieser Erweiterung soll vorab den Bedürfnissen und Erfordernissen einer sich stetig ändernden Wirtschaft noch besser Rechnung getragen werden. Als äussere Umstände gelten namentlich:

- Betriebsschliessung;
- keine berufliche Zukunft mehr in der angestammten Tätigkeit;
- Krankheit oder Unfall.

Abziehbar sind nur die Kosten für solche Umschulungen, die mit dem *Beruf,* der das steuerbare Einkommen hervorbringt, *zusammenhängen.* Es handelt sich um Umschulungen, die ihren Grund in den *Veränderungen* haben, welche im betreffenden *Beruf* oder beim betreffenden *Arbeitgeber* eingetreten sind[98].

Als «Umschulung» wird im gewöhnlichen Sprachgebrauch auch das Erlernen eines neuen, d. h. *anderen* Berufes durch einen unselbstständig Erwerbenden bezeichnet. Solche «Umschulungen» hängen indessen nicht im Sinne von Art. 26 Abs. 1 lit. d DBG und Art. 9 Abs. 1 Satz 2 StHG «mit dem Beruf zusammen». Sie gehören vielmehr zur Ausbildung, deren Kosten nicht abziehbar sind[99].

---

[98] Vgl. StE 14 (1997), [ZH] B 27.6 Nr. 12 = ZStP 5 (1996), S. 208 ff. (Umschulung von Laborantin zu Ärztin).
[99] Vgl. Art. 34 lit. b DBG.

VI. Spesen bei auswärtiger Tätigkeit

1. Auslagen von Reisenden
Wie bereits festgestellt wurde[100], hat der Arbeitgeber dem Arbeitnehmer bei Arbeit an auswärtigen Arbeitsorten die für den Unterhalt erforderlichen Aufwendungen zu ersetzen[101].

Durch schriftliche Abrede, Normalarbeitsvertrag oder Gesamtarbeitsvertrag kann als Auslagenersatz eine feste Entschädigung wie namentlich ein Taggeld oder eine pauschale Wochen- oder Monatsvergütung festgesetzt werden, durch die jedoch alle notwendig entstehenden Auslagen gedeckt werden müssen.

Abreden, dass der Arbeitnehmer die notwendigen Auslagen ganz oder teilweise selbst zu tragen habe, sind nichtig.

Bei pauschalen Spesenvergütungen, die zum Einkommen aufgerechnet werden, stellt sich die Frage des Gewinnungskostencharakters der effektiven Auslagen (Fahrtkosten, auswärtige Verpflegung und Unterkunft [abzüglich Privatanteil], Bewirtung und Betreuung von Kunden, nicht aber sogenannte Repräsentationsspesen und Standesausgaben).

Entscheidend sind die Anforderungen an den Nachweis. Bei branchenüblichen Auslagen genügt i. d. R. die Glaubhaftmachung der Spesen.

---

[100] Vgl. vorstehend S. 85 f.
[101] Vgl. aArt. 327 OR.

Arten von Berufsauslagen

2. Raumkosten

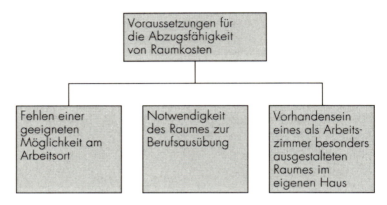

Das Kriterium der Notwendigkeit wird bei den Raumkosten – ganz im Gegensatz zu vielen anderen Arten von Berufsauslagen – streng gehandhabt[102]. Bei einer Einzimmerwohnung, in der ein wesentlicher Teil der beruflichen Arbeit verrichtet wird, entsteht zu den ohnehin anfallenden Wohnkosten gemäss Gerichtspraxis kein zusätzlicher Aufwand für ein Arbeitszimmer, weshalb kein Abzug eines Teils der Miete gewährt wird[103].

Der volle Abzug ist auch bei nebenberuflicher Tätigkeit zu gewähren[104].

Der Arbeitszimmerabzug gilt vielfach als im Pauschalabzug enthalten[105]. Das ist m. E. unzulässig. Die übliche Pauschalierung der «übrigen» Berufskosten kann nur die typischen und verbreiteten Arten von Berufsauslagen

---

[102] Vgl. ZStP 2 (1993), S. 212 ff.; StE 8 (1991), [BdBSt] B 22.3 Nr. 41 = ASA 60, S. 341 ff. = StR 47 (1992), S. 24 ff.; StE 2 (1985), [BdBSt] B 22.3 Nr. 10; StE 2 (1985), [SZ] B 22.3 Nr. 9; BVR 1994, S. 145 ff.; AGVE 1991, S. 235 ff.
[103] Vgl. BStPra 13 (1996), S. 47 f
[104] Vgl. StR 48 (1993), S. 569 ff. = BlStPr 11 (1993), S. 398 ff.
[105] Vgl. Kreisschreiben Nr. 26 der Eidgenössischen Steuerverwaltung 1995/1996.

Arten von Berufsauslagen

abdecken, die in der Regel nur mit unverhältnismässigem Aufwand nachweisbar sind. Nachweisbare grössere Kosten müssen zum Abzug zugelassen werden. In diesem Falle dürfen an den Nachweis bzw. die Glaubhaftmachung der in der Pauschale enthaltenen verbreiteten Kostenarten nicht hohe Anforderungen gestellt werden, oder es ist daneben ein reduzierter Pauschalansatz zuzulassen. Andernfalls werden Arbeitnehmer, welche keine «übrigen» Berufskosten tragen, jedoch trotzdem eine Pauschale für solche Kosten abziehen können, privilegiert[106].

3. Wochenaufenthalter

Steuerpflichtige, die an den Arbeitstagen am Arbeitsort bleiben und dort übernachten müssen, jedoch regelmässig für die Freitage an ihren steuerlichen Wohnsitz zurückkehren (sogenannte Wochenaufenthalter), können die Mehrkosten für den auswärtigen Aufenthalt abziehen[107].

Abzugsfähig als Gewinnungskosten sind die Mehrkosten des auswärtigen Aufenthalts sowie die Fahrtkosten vom Wohnort an den Arbeitsort und zurück am Wochenende.

Voraussetzung ist eine regelmässige Rückkehr über das Wochenende nach Hause. Die Gründe des Wochenaufenthaltes spielen dabei keine Rolle.

Kein Abzug wird gewährt bei kurzer Distanz (10 km[108]), weil diesfalls die tägliche Rückkehr möglich und zumutbar ist.

---

[106] Vgl. zur Berechnung der Kosten für ein Arbeitszimmer: AGVE 1995, S. 446 f.
[107] Vereinzelt werden in einigen Kantonen die im interkantonalen Verhältnis gültigen Grundsätze bei der Besteuerung von Wochenaufenthaltern auch im interkantonalen Verhältnis für Expatriates und Spezialisten, die zwischen Wohnsitz- und Arbeitsortstaat «pendeln», angewandt. Vgl. z.B. für den Kanton Zürich: Richtlinien des kantonalen Steueramtes über die Berücksichtigung besonderer Berufskosten von vorübergehend in der Schweiz tätigen leitenden Angestellten und Spezialisten.
[108] Vgl. StE 15 (1998), [BdBSt/DBG] B 22.3 Nr. 62.

Arten von Berufsauslagen

Die Festsetzung von Maximalpauschalen durch die Steuerverwaltungen ist nicht gesetzeskonform[109].

VII. Versicherungsprämien

Grundsätzlich sind Prämien für Personen- oder Sachversicherungen Kosten der Lebenshaltung.

Abzugsfähig sind (kraft ausdrücklicher gesetzlicher Grundlage) Prämienleistungen an die Sozialversicherung[110] und an die berufliche Vorsorge[111]. Diese Prämien bilden allerdings nicht Gegenstand der vorliegenden Abhandlung.

Berufliche Versicherungen werden in der Praxis uneinheitlich gehandhabt:

- *Abzugsfähig* war die Risikoversicherungsprämie eines Testpiloten der Gruppe für Rüstungsdienste[112].
- *Nicht abzugsfähig* war demgegenüber eine selbst finanzierte Berufshaftpflichtversicherung eines Grundbuchbeamten[113]; ebenfalls nicht abzugsfähig war die Todesfall-Risikoversicherung und (Flug-) Lizenzverlustversicherung («Loss of licence») eines Swissair-Piloten[114].

Das Verwaltungsgericht qualifizierte die in Frage stehenden Prämien mit folgender Begründung als nicht beruflich notwendig:

«Diese Versicherungen sind zwar nach arbeitsvertraglicher Vorschrift obligatorisch vom Arbeitnehmer abzuschliessen. Sie dienen aber ihrem Zweck nach nicht der Ausübung der beruflichen Tätigkeit

---

[109] Vgl. StE 9 (1992), [VS/BdBSt] B 22.3 Nr. 45.
[110] Vgl. Art. 33 Abs. 1 lit. d DBG; Art. 9 Abs. 2 lit. d StHG.
[111] Vgl. Art. 81 Abs. 2 BVG.
[112] Vgl. ZBl 73 (1972), S. 413.
[113] Vgl. ZBl 82 (1981), S. 482.
[114] Vgl. StE 9 (1992), [ZH] B 22.3 Nr. 47.

Arten von Berufsauslagen

als Pilot. Vielmehr sollen sie allgemein die finanziellen Folgen für den Piloten und/oder seine Familie (oder weitere Begünstigte) für den Fall mildern, dass dieser den Beruf nicht mehr ausüben kann, sei es wegen Verlustes der Fluglizenz, sei es infolge Todes. Ihr Hauptzweck ist folglich kein unmittelbar beruflicher, sondern ein sozialer, nämlich die Sicherung einer angemessenen Lebenshaltung für den Piloten und seine Angehörigen. Damit erweisen sich die Prämien für die erwähnten Versicherungen als nicht abzugsfähige private Lebenshaltungskosten.»

VIII. Prozesskosten, Bussen und Konventionalstrafen

Die Kosten privater Prozesse, die mit dem Bereich der Einkommenserzielung in keinerlei Zusammenhang stehen, können keinesfalls in Abzug gebracht werden.

Abzugsfähig sind hingegen Prozesskosten, wenn der Prozess die Erzielung des Einkommens ermöglichen helfen soll[115], insbesondere die Kosten von Prozessen um streitige Lohnzahlungen[116].

Teilweise wird postuliert, «unvermeidliche» Bussen für leichte Übertretungen im Zusammenhang mit der Berufstätigkeit seien zum Abzug zuzulassen.

Meines Erachtens sind Bussen indessen nie abzugsfähig, da dies dem Zweck der Busse, die private Bedürfnisbefriedigung einzuschränken, zuwiderlaufen würde.

Abzugsfähig sollten hingegen Konventionalstrafen sein, da der Strafcharakter klar in den Hintergrund trifft. Dies wird im Grundsatz im Entscheid des Verwaltungsgerichts Fribourg vom 23. Mai 1997[117] bejaht. Die

---

[115] Vgl. StE 11 (1994), [AG] B 22.3 Nr. 54; StE 7 (1990), [ZH] B 27.7 Nr. 8; StE 1 (1984), [GE] B 22.3 Nr. 2.
[116] A. M. StR 6 (1951), S. 295 [SO].
[117] Vgl. StE 15 (1998), [FR/BdBSt/DBG] B 22.3 Nr. 61 = StR 53 (1998), S. 349 ff.

Arten von Berufsauslagen

Abzugsfähigkeit wurde indessen beschränkt auf leichte Fahrlässigkeit und verneint wegen Grobfahrlässigkeit (eines Verwaltungsrates), da diesfalls die Aufwendungen nicht unvermeidlich seien[118].

IX. Beitragsleistungen an Berufsverbände und Parteien

1. Gewerkschaftsbeiträge
Die Gewerkschaftsbeiträge wurden früher nicht als Gewinnungskosten anerkannt, da kein direkter Zusammenhang mit dem Erwerbseinkommen bestehe und die Höhe des Salärs nicht von den Gewerkschaftsbeiträgen abhänge[119]. Neu betrachtet auch die EStV Beiträge an Berufsverbände und Gewerkschaften als Berufskosten[120].

In den meisten Kantonen wurden die Beiträge mittlerweile in die Pauschale «eingebaut»[121]. Im Kanton Aargau wurde aber die Abzugsfähigkeit schon früher anerkannt und interessanterweise mit der Gleichbehandlung von selbstständig und unselbstständig Erwerbenden begründet.

---

[118] *Ebenso: StE 12 (1995), [BdBSt] B 22.3 Nr. 56 = ASA 64, S. 232 ff.*
[119] *Vgl. ASA 61, S. 143.*
[120] *Vgl. Kreisschreiben Nr. 26 der Eidgenössischen Steuerverwaltung 1995/1996; ASA 64, S. 692.*
[121] *Vgl. dazu StE 13 (1996), [SG] B 22.3 Nr. 59, StE 10 (1993) [ZH] B 22.3 Nr. 48.*

2. «Mandats- oder Parteisteuern»

Eine strenge Praxis verneint den Gewinnungskostencharakter[122] von Mandats- bzw. Parteisteuern mit den Begründungen, der Steuerpflichtige habe das Einkommen erzielt, weil er Inhaber einer Stellung sei und nicht primär deshalb, weil er die Parteisteuer auf sich genommen habe und der Zusammenhang zwischen dem Einkommen und der Parteisteuer sei nicht unmittelbar und eng.

Eine liberale Praxis bejaht demgegenüber den Gewinnungskostencharakter[123] mit der Begründung, das Amt könne ohne Verpflichtung zur Entrichtung der Mandatssteuer bzw. ohne deren effektive Bezahlung nicht erreicht und erhalten werden.

X. Berufseinstiegskosten

1. Übersicht

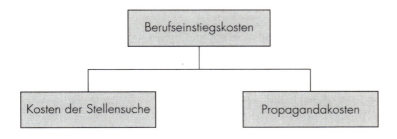

---

[122] Vgl. ZBl 81 (1980), S. 443 ff.; ASA 53, S. 200 ff.; StE 2 (1985), [ZH] B 22.3 Nr. 8; StE 12 (1995), [SO] B 22.3 Nr. 58; BGE 124 II 29 ff. = StE 15 (1998), [BdBSt/DBG] B 22.3 Nr. 63 = StR 53 (1998), S. 165 ff.; vgl. dazu Hangartner, S. 726 ff.; Leysinger, S. 27 ff.
[123] Vgl. ZBl 80 (1997), S. 489 [BL].

Arten von Berufsauslagen

2. Kosten der Stellensuche

Vielfach fehlt bei den Kosten der Stellensuche der direkte Bezug zum Einkommen der Veranlagungsperiode. Die Abzugsfähigkeit wird in der Praxis oftmals auch verweigert mit der Begründung, es handle sich um Kosten im Zusammenhang mit der Erschliessung einer neuen Einkommensquelle[124].

Bei Arbeitslosen wird die Abzugsfähigkeit hingegen bejaht, obwohl der Gewinnungskostenabzug von Ersatzeinkommen im Gesetz (DBG) nicht explizit vorgegeben ist[125].

3. Propagandakosten

Die Abzugsfähigkeit wurde – mit wenig überzeugender Begründung – im Kanton Aargau verweigert[126]. Es handelte sich um Propagandakosten, die für die Wahl zum Bezirksamtmann aufgewendet worden waren. Einerseits war vom Gericht der unbedingte Zusammenhang zwischen den Propagandakosten und der Wahl zum Bezirksamtmann verneint worden; andererseits hätten die Kosten laut Gericht im Fall des Misserfolgs auch nicht berücksichtigt werden können.

XI. Kosten für Haushalt und Kinderbetreuung

Einige Kantone, z.B. die Kantone Zürich und St. Gallen, sehen für Kinderbetreuungs- oder Haushaltskosten einen Sozialabzug in ihren Steuergesetzen vor, der allerdings

---

[124] Vgl. RKE 1984 [GE] B 22.3 Nr. 2; AGVE 1986, S. 384 ff.; AGVE 1987, S. 373 ff.
[125] Vgl. StR 54 (1999), S. 341 ff.; RKE 1985 [GE] B 22.3 Nr. 5.
[126] Vgl. StE 4 (1987), [AG] B 22.3 Nr. 13 = AGVE 1986, S. 383 ff.

Arten von Berufsauslagen

betragsmässig nach oben begrenzt ist. Es stellt sich deshalb die Frage, ob diese Kosten darüber hinaus als Gewinnungskosten vollumfänglich (also ohne betragsmässige Begrenzung) abzugsfähig sind.

Die Auslagen der Übertragung von *Haushaltarbeiten* an Drittpersonen werden im Grundsatz nicht als Gewinnungskosten akzeptiert. Insbesondere gehören die Kosten einer Putzfrau auch dann zu den Lebenshaltungskosten, wenn diese wegen Erwerbstätigkeit des Steuerpflichtigen eingestellt wurde.

Umstritten ist demgegenüber die Abzugsfähigkeit der Kosten der *Kinderbetreuung*. Sind diese Kosten notwendig zur Erzielung des Einkommens und damit Berufsauslagen oder sind es Kosten aus dem Bereich der privaten Lebenshaltung[127]?

Die *Rechtsprechung* zählt die Kosten der Kinderbetreuung mehrheitlich zu den nicht abziehbaren Lebenshaltungskosten:

Abzugsfähigkeit bejaht:
   Entscheid der Steuer-Rekurskommission III Zürich vom 9. Juni 1993, in StE 11 (1994), [ZH] B 22.3 Nr. 53 = StR 49 (1994), S. 205 ff.[128]

Abzugsfähigkeit verneint:
   Steuer Revue 48 (1993), S. 181 f.; ASA 56, 371 = StE 4 (1987), [BdBSt] B 22.3 Nr. 16; StE 12 (1995), [ZH] B 22.3 Nr. 57; BlStPr 12 (1995), S. 338 ff.; NStP 50 (1996), S. 57 ff.

---
[127] *Vgl. dazu Steinmann, S. 1079 ff.*
[128] *Dieser Entscheid, der in Rechtskraft erwachsen ist (ein Rekurs wurde mangels Substantiierung abgewiesen), wird allerdings in seiner Bedeutung aufgehoben durch den späteren Entscheid des Verwaltungsgerichts Zürich vom 8. März 1995 (StE 12 (1995) [ZH] B 22.3 Nr. 57).*

Arten von Berufsauslagen

Argumente für die Abzugsfähigkeit von Kosten der Kinderbetreuung:

- Die Kosten stehen in einem «rechtlich erheblichen, qualifiziert engen Zusammenhang» zur Erwerbstätigkeit;
- Die Aufwendungen sind einzig und allein aus beruflichen Gründen unerlässlich;
- Das Einkommen kann nur durch eine entgeltliche Betreuung der Kinder erzielt werden;
- Die Unterlassung der Betreuung der Kinder stellt eine strafbare Handlung im Sinne von Art. 134 StGB dar;
- Die Kosten der Betreuung von Kindern sind dann berufsnotwendig, wenn es dem Steuerpflichtigen aufgrund des Entwicklungsstandes der Kinder nicht zumutbar ist, diese während der Arbeit unbetreut zu lassen und eine Möglichkeit der unentgeltlichen Betreuung nicht zur Verfügung steht.

Argumente gegen die Abzugsfähigkeit von Kosten der Kinderbetreuung:

- Die Betreuung von Familienmitgliedern ist als solche wesensgemäss dem privaten Lebensbereich des Steuerpflichtigen zuzuordnen. Aufwendungen, die diesem dadurch erwachsen, dass er Dritte mit der Wahrnehmung einer derartigen Aufgabe beauftragt, sind infolgedessen Kosten der privaten Lebenshaltung.
- Nicht abzugsfähig sind Kosten, die – wie Ausbildungskosten – als Ganzes Voraussetzung dafür sind, dass der Steuerpflichtige überhaupt eine (auswärtige) Erwerbstätigkeit ausüben kann.
- Wären die Kosten der Kinderbetreuung abzugsfähig, müssten auch die Ausgaben eines erwerbstätigen Ehepaars für die Kosten der Unterbringung der bisher von einem Ehegatten zu Hause pflegebedürftigen Eltern

Arten von Berufsauslagen

oder die Auslagen eines allein berufstätigen Steuerpflichtigen für die Anstellung einer Pflegehilfe zur Betreuung seines kranken Ehepartners abzugsfähig sein.

XII. Gewinnungskosten von Expatriates

«Expatriates» sind im Ausland wohnhafte (in der Regel leitende) Arbeitnehmer, die auf Veranlassung ihres Arbeitgebers den bisherigen Arbeitsort wechseln und zur Ausübung einer vorübergehenden Tätigkeit in ein anderes Land entsandt werden (z.B. in eine Konzerngesellschaft)[129]. Expatriates erhalten vielfach vom Arbeitgeber zusätzliche Leistungen, Zulagen und weitere geldwerte Vorteile. Diese stellen allesamt steuerbares Erwerbseinkommen dar.

Von diesem steuerbaren Erwerbseinkommen können indessen die Gewinnungskosten in Abzug gebracht werden (nicht aber die Lebenshaltungskosten). Als Gewinnungskosten zu qualifizieren sind gemäss dem von Waldburger/Schmid im Auftrag des Kantons Zürich verfassten Gutachten vom Juli 1999[130]:
– Aufwendungen für den fremdsprachigen Privatschulunterricht von Kindern von Expatriates;
– Umzugskosten;
– Zusätzliche Aufwendungen für eine Schweizerische Wohnstätte.

---

[129] Den Expatriates werden oft auch Spezialisten (v. a. in der Informatikbranche) gleichgestellt, deren Tätigkeit typischerweise international ausgeübt wird bzw. die in ihrem Wohnsitzstaat selbstständig erwerbstätig sind, in der Schweiz aber für ein längeres Projekt als Arbeitnehmer angestellt werden.

[130] Vgl. Waldburger/Schmid. Die Ergebnisse des Gutachtens führten dazu, dass der Kanton Zürich spezielle, ab 1.1.2000 gültige Richtlinien für Expatriates aufstellte. Vgl. dazu Anhang 4, S. 133 ff.

Arten von Berufsauslagen

Nicht als Gewinnungskosten zu qualifizieren sind demgegenüber folgende Positionen:
- Zusätzliche Aufwendungen für die ausländische Wohnstätte;
- Mehraufwendungen aufgrund des allgemeinen höheren Preisniveaus in der Schweiz;
- Mehraufwendungen aufgrund einer gegenüber dem Heimatstaat höheren Steuerbelastung;
- Kosten, die aufgrund von Reisen zwischen dem Entsende- und Heimatstaat anfallen (eine Ausnahme besteht für die einmaligen Kosten der Anreise bzw. Rückreise in den Heimatstaat).

Grundsätze des Gewinnungskostenbegriffs

I. Ursache und Wirkung

1. Übersicht
Setzt man die Gewinnungskosten in einen Kausalzusammenhang mit dem Einkommen, bestehen zwei grundsätzlich unterschiedliche Betrachtungsmöglichkeiten: die Gewinnungskosten können als Ursache (Variante 1) oder als Erfolg/Wirkung (Variante 2) gesehen werden. Die folgende Übersicht soll dies verdeutlichen:

	Ursache	Wirkung
Variante 1	Gewinnungskosten	Einkommen
Variante 2	Einkommen	Gewinnungskosten

Bewirken die Gewinnungskosten/Berufsauslagen die Erzielung von Einkommen (Variante 1) oder bewirkt die Einkommenserzielung gewisse Gewinnungskosten/Berufsauslagen (Variante 2)?

2. Variante 1:
Gewinnungskosten als Ursache von Einkommen
Diese Theorie gilt als überwunden, findet sich aber – leider – immer noch in den Gesetzeswortlauten («notwendig zur Erzielung von Einkommen»). Letztlich bedeutet nämlich die «Notwendigkeit» von Kosten, dass eine Berufsausübung ohne diese Kosten nicht möglich wäre, weil diese unerlässliche Voraussetzung (conditio sine qua non) der Einkommenserzielung sind.

Abzugsfähig wären diesfalls nur sogenannte «Einkommensgestehungskosten», die eine unabweisliche Voraussetzung zur Erzielung des Erwerbseinkommens bilden. Die Folge- und Begleitkosten der Einkommenserzielung sind damit nicht abzugsfähig.

3. Variante 2:
Einkommen als Ursache von Gewinnungskosten

Nach dieser Variante soll das Reineinkommen nur (aber immerhin) durch solche Vermögensabgänge beeinflusst werden, die ihre Ursache im Bereich der Einkommenserzielung haben, nicht durch solche, die ihre Ursache im Privatbereich haben. Um diese Abgrenzung zwischen dem *Bereich der Einkommenserzielung* und dem *Privatbereich* vornehmen zu können, ist die Fragestellung, ob eine Ausgabe die Erzielung von Einkommen bewirkt habe (Variante 1), in keiner Weise geeignet. Entscheidungsrelevant soll vielmehr sein, welche *Ursache* und nicht welche *Wirkung* ein Vermögensabgang hat. Massgebend ist mit anderen Worten, *ob ein Vermögensabgang seine Ursache im Bereich der Einkommenserzielung oder im Privatbereich hat.*

II. Versuch einer Definition der Gewinnungskosten

> Gewinnungskosten sind Vermögensabgänge, die wesentlich durch ein Handeln, das beruflich motiviert ist oder Erwerbszwecken dient, verursacht oder bewirkt werden.

Die Steuer-Rekurskommission II Zürich hat zu dieser Definition im Entscheid StE 10 (1993), [ZH]B 22.3 Nr. 50 ausgeführt:

«Unbestritten ist vorab, dass eine wörtliche Auslegung des Begriffs der Berufsnotwendigkeit (nicht gewollte) sachwidrige Ergebnisse zeitigen müsste und abzulehnen ist. Doch ist das Erfordernis der Unmittelbarkeit des Zusammenhangs nicht geeignet, zu einer zweckmässigen und sachdienlichen Abgrenzung gegenüber den Lebenshaltungskosten zu gelangen. Denn massgeblich ist allein der innere sachliche Zusammenhang; wieviele Glieder der Kausalkette er um-

Grundsätze des Gewinnungskostenbegriffs

fasst, bleibt unbeachtlich, weshalb auch Mittelbarkeit genügt. Insofern ist die Wendung «qualifiziert eng» zutreffender, zumal dadurch zum Ausdruck gebracht werden soll, dass ein rechtlich erheblicher Zusammenhang bestehen muss. Freilich ist diese Umschreibung im Einzelfall unter Umständen wenig hilfreich.»

Festzuhalten ist bei alledem, dass kein adäquatkausaler Zusammenhang zwischen Beruf und Ausgabe bestehen muss. Denn massgeblich ist nicht, dass die fragliche Ausgabe typischer- bzw. normalerweise, d.h. nach dem gewöhnlichen Lauf der Dinge mit der Berufsausübung verbunden ist. Auch Aufwendungen, die nicht typisch sind, verdienen es, als Berufsauslagen anerkannt zu werden, falls sie in einem rechtserheblichen Zusammenhang mit der (unselbstständigen) Erwerbstätigkeit stehen.

Die Berufsnotwendigkeit von Ausgaben ist so zu umschreiben, dass darunter all jene Vermögensabgänge zu verstehen sind, die wesentlich, d.h. wenigstens überwiegend durch ein beruflich begründetes oder Erwerbszwecken dienendes Handeln verursacht oder bewirkt werden. Diese Formel, die weder rein final noch rein kausal ist, erscheint als geeignet, all jene Fälle auszuschliessen, wo die Auslagen primär und in überwiegendem Mass privat bedingt sind, mithin der Lebensunterhaltung entspringen und ihr zuzuordnen sind. Sie gestattet auch, Mischausgaben, d.h. Auslagen, die zum Teil beruflich, zum anderen privat initiiert sind, sachgerecht aufzuteilen.

Die vorgenannte Definition lässt sich vereinfacht wie folgt ausdrücken:

> Gewinnungskosten sind Vermögensabgänge, die wesentlich durch den Bereich der Einkommenserzielung verursacht sind.

Grundsätze des Gewinnungskostenbegriffs

III. Indizien der Gewinnungskosten

Symptomatische, aber nicht unverzichtbare Merkmale von Gewinnungskosten und damit Indizien der wesentlichen Verursachung von Vermögensabgängen durch den Bereich der Einkommenserzielung sind:

- Der Vermögensabgang ist Voraussetzung der Einkommenserzielung.
- Der Vermögensabgang ist Folge- oder Begleiterscheinung der Einkommenserzielung.
- Die Unmittelbarkeit (Intensität) des Kausalzusammenhanges im Sinne der Zahl der Glieder in der Kausalkette.
- Die Adäquanz des Kausalzusammenhanges im Sinne der Üblichkeit von Unkosten.

Konferenz staatlicher Steuerbeamter
Eidgenössische Steuerverwaltung

Anhang 1

Erläuterungen zum Lohnausweis-Formular

Formular 11 EDP dfi   Ausgabe 1995

A. Allgemeines

1. a) *Bestelladresse*
   Den Druck und die Lieferung der Formulare und der Erläuterungen besorgt für Rechnung der Kantone die
   Eidg. Steuerverwaltung
   Direkte Bundessteuer
   3003 Bern
   Telefon 031/322 74 18 oder 322 74 11
   Formularbestellungen sind bitte schriftlich auf dem offiziellen Bestellschein, auf dem u.a. die Anzahl Arbeitnehmer zu vermerken ist, aufzugeben. Der Bestellschein wird im Frühling jedes ungeraden Jahres automatisch allen registrierten Bestellern zugesandt und kann von Neuinteressenten jederzeit telefonisch angefordert werden.

2. b) *Formularsorten, Kosten*
   Das Formular 11 EDP dfi ist in folgenden Ausführungen erhältlich (siehe auch Darstellung auf der Rückseite der Bestellungseinladung):
   dfi/1   Endlosformular, einfach (ohne Kopie), Querformat
   dfi/3   Endlosformular, Dreiergarnitur (Original mit zwei Kopien), Querformat
   dfi/A4-q Einzelblatt, Querformat A4
   dfi/A4-h Einzelblatt, Hochformat A4
   Die nötige Anzahl Formulare wird unentgeltlich abgegeben, übermässige Bestellungen müssen jedoch reduziert oder die entsprechenden Kosten dem Besteller in Rechnung gestellt werden. Letzteres gilt auch bei Ersatzlieferungen für falsch ausgefüllte oder beschädigte Formulare.

2a. Wer das Lohnausweisformular mittels elektronischer Hilfsmittel selber erstellt und direkt mit den Lohndaten ausdruckt, hat Text und Darstellung des Formulars 11 EDP dfi genau zu übernehmen. Dabei kann einzig auf die gelbe Papierfarbe, den Text auf der Rückseite und bei lediglich regionaler Verwendung auf die Dreisprachigkeit verzichtet werden.

3. c) *Anwendungsbereich*
   Das Formular kann von allen Arbeitgebern für ihre sämtlichen Arbeitnehmer ohne Einholung einer besonderen Genehmigung

der kantonalen Steuerverwaltungen in der ganzen Schweiz verwendet werden, unabhängig davon, mit welchen Hilfsmitteln es ausgefüllt wird (vgl. hierzu Rz 5). Der Lohnausweis hat für das betreffende Kalenderjahr *sämtliche* Bezüge des Arbeitnehmers gemäss Rz 19–22 zu enthalten; die Aufteilung in mehrere Einzelausweise ist unzulässig.

4   Das Formular kann auch als Rentenbescheinigung zuhanden des Rentenempfängers verwendet werden. Dabei ist an geeigneter Stelle (am besten im Feld D) die Bezeichnung «Rente» oder «Pension» anzubringen und im Feld E der Betrag der ausbezahlten Rente oder Pension einschliesslich Zulagen einzusetzen. In der Rubrik «Beschäftigungsdauer» ist anzugeben, für welchen Zeitraum die bescheinigte Rente ausgerichtet wurde.

4a Nicht zulässig ist die Verwendung des Lohnausweisformulars als Rentenmeldung gemäss Verrechnungssteuergesetz. Hierzu ist ausschliesslich das Formular 565 zu benützen, erhältlich bei der
    Eidg. Steuerverwaltung
    Sektion Meldewesen
    3003 Bern
    Telefon 031/322 71 25

5   d) *Unterschrift und Haftung*
    Werden die Lohnausweise vollständig durch eine Datenverarbeitungsanlage erstellt, so sind lediglich die genaue Firmenbezeichnung (bei Renten der Name der Vorsorgeeinrichtung) und der Name des für die Lohnausweise Verantwortlichen mit dem Printer einzusetzen. Der Verzicht auf die handschriftliche Unterzeichnung vermindert aber die Haftung des Arbeitgebers nicht, der genau gleich dafür verantwortlich ist, dass die Ausweise sämtliche Vergütungen mit Lohncharakter (Rz 19–22) und alle übrigen verlangten Angaben richtig und vollständig enthalten, wie wenn sie von Zeichnungsberechtigten unterschrieben wären. Anders als mit EDV-Anlagen erstellte Lohnausweise sind zusätzlich zur genauen Firmenbezeichnung handschriftlich zu unterzeichnen.

6   e) *Pflichten des Arbeitgebers / Folgen bei Widerhandlungen*
    Bestimmungen des Bundesrechts
    Der Arbeitnehmer muss seiner Steuererklärung Lohnausweise über alle Einkünfte aus unselbstständiger Erwerbstätigkeit beilegen. Der Arbeitgeber ist verpflichtet, über seine Leistungen an den Arbeitnehmer einen Lohnausweis auszustellen. Reicht der Arbeitnehmer den Lohnausweis trotz Mahnung nicht ein, so kann ihn die Veranlagungsbehörde direkt beim Arbeitgeber einfordern (Art. 125 und 127 DBG, Art. 43 StHG).

7 Arbeitnehmer und Arbeitgeber, die den erwähnten Pflichten vorsätzlich oder fahrlässig nicht nachkommen, werden mit Busse bis zu 1000 Fr. in schweren Fällen oder bei Rückfall bis zu 10 000 Fr. belegt. Wer zum Zwecke einer Steuerhinterziehung gefälschte, verfälschte oder inhaltlich unwahre Lohnausweise gebraucht, wird mit Gefängnis oder mit Busse bis zu 30 000 Fr. bestraft; für Anstifter, Gehilfen und Mitwirkende beträgt die Busse bis zu 10 000 Fr., in schweren Fällen oder bei Rückfall bis zu 50 000 Fr. (Art. 174, 177 und 186 DBG).

8 *Kantonale Vorschriften:* Die meisten kantonalen Steuergesetze enthalten ähnliche Bestimmungen. Einzelne Punkte können jedoch unterschiedlich geregelt sein. Beispielsweise schreiben die Kantone Bern, Freiburg, Jura, Neuenburg und Wallis vor, dass die Arbeitgeber das Original des Lohnausweises direkt der Steuerbehörde einzureichen haben.

9 *f) Jährliche oder zweijährliche Erstellung der Lohnausweise*
Für Arbeitnehmer mit Wohnsitz in den Kantonen Basel-Stadt, Genf, Jura, Neuenburg, Solothurn und Zürich muss der Lohnausweis jährlich erstellt werden.

10 Für Arbeitnehmer mit Wohnsitz in Kantonen mit zweijährlicher Steuererklärung ist der Lohnausweis an sich nur alle zwei Jahre für beide Bemessungsjahre einer Steuerperiode zu erstellen. Häufig werden aber auch in diesen Kantonen die Ausweise jährlich ausgefertigt, damit nicht für Sonderfälle (Wegzug, Zwischenveranlagung usw.) zahlreiche Lohnausweise einzeln erstellt werden müssen. Bei jährlicher Erstellung ist es zweckmässig, wenn – sofern dies möglich ist – im zweiten Jahr die Angaben für beide Jahre der Bemessungsperiode eingesetzt werden. Der Arbeitnehmer muss dann seiner Steuererklärung nur diesen zweiten Lohnausweis beilegen, und es wird vermieden, dass verlorengegangene Ausweise für das erste Jahr nachverlangt werden. Dieses Vorgehen erleichtert auch der Steuerbehörde die Arbeit; das gilt vor allem für die Kantone, in denen der Lohnausweis vom Arbeitgeber direkt der Steuerbehörde eingereicht werden muss.

11 Wird der Lohnausweis für beide Bemessungsjahre zusammen erstellt, so sind die Angaben für beide Jahre untereinander zu schreiben; in Ziffer 1 sind hierfür durch einen Strich getrennte Felder vorhanden; in den Ziffern 2–4 dagegen musste aus Platzgründen auf den Trennungsstrich zwischen beiden Zeilen verzichtet werden, weshalb hier die Angaben für das zweite Jahr in der Printzeile zu schreiben sind, die unmittelbar nach jener für das erste Jahr folgt.

Beispiel

1. Lohn – Salaire – Salario		Beträge 1) – Cotisations 1) – Contributi 1)		
A Jahr Année Anno	B Bruttolohn total Salaire brut total Salario lordo totale	C AHV/IV/EO/ALV AVS/AI/APG/AC AVS/AI/IPG/AD	D Beruf. Vorsorge 2) Prévoyance prof. 2) Previdenza prof. 2)	E Nettolohn I Salaire net I Salario netto I
1995	63 674			
1996	64 947			

2. Im vorstehenden Bruttolohn sind u.a. inbegriffen – Le salaire brut indiqué ci-dessus comprend			
a Kinderzulagen Allocations pour enfants Assegni per figli	b Wegvergütungen Indemnités de transport Indennità di trasporto	c Taggelder aus Vers. 5) Indemn. journal. d'assur. 5) Indenn. giorn. d'assicur. 5)	d Trinkgelder Pourboires Mance
1 680 1 800	660 696		6)

B. **Erläuterungen zu den einzelnen Abschnitten des Formulars**

12 *Abteilung:* Die Angabe der internen Dienst- oder Betriebsabteilung ist fakultativ. Sie dient in erster Linie dem Arbeitgeber für das Austeilen der Lohnausweise am Arbeitsplatz, erleichtert aber auch die Identifizierung bei Rückfragen.

13 *Arbeitsort:* Diese Angabe ist bei Arbeitgebern mit mehreren Betrieben oder Betriebsstätten nötig, damit die Steuerbehörde beurteilen kann, ob und welche Abzüge für Fahrkosten gerechtfertigt sind. Bei Wechsel des Arbeitsortes im Laufe des Jahres ist der Arbeitsort am Ende der bescheinigten Lohnperiode einzusetzen. In Betracht kommt nur der ständige Arbeitsort; wechselt der Arbeitsort häufig (z.B. bei einem Bauarbeiter), so ist er nicht anzugeben.

14 *Beschäftigungsdauer:* Diese ist auch dann anzugeben, wenn sie das ganze Kalenderjahr bzw. die ganze zweijährige Bemessungsperiode umfasst. Bei mehreren Ein- und Austritten im Laufe der bescheinigten Lohnperiode sind alle Ein- und Austrittsdaten einzusetzen (der Raum reicht für drei Zeilen).

15 Wird ein Arbeitnehmer nicht durchgehend voll beschäftigt, so ist dies hier oder unter «Bemerkungen» durch einen entsprechenden Zusatz (z.B. «50%-Stelle», «Aushilfskraft») anzugeben.

16 *Name und Adresse:* Auf den Lohnausweisen verheirateter Frauen sind zur leichteren Identifizierung der ausgeschriebene Vorname und der Mädchenname anzugeben.

17 *Schicht- oder Nachtarbeit:* Die Bescheinigung der Schichttage ist Voraussetzung dafür, dass der Arbeitnehmer in seiner Steuererklärung den Schichtarbeitsabzug vornehmen kann. Anzugeben ist die Zahl der Tage mit durchgehender, mindestens achtstündiger Schicht- oder Nachtarbeit. Der Schichtarbeit ist die gestaffelte (unregelmässige) Arbeitszeit gleichgestellt, sofern beide Hauptmahlzeiten nicht zur üblichen Zeit zu Hause eingenommen werden können.

18 *Tage mit Lohnausfall:* Diese sind nur anzugeben, wenn die entsprechenden Erwerbsausfallentschädigungen nicht durch den Arbeitgeber ausbezahlt werden und deshalb nicht im Bruttolohn enthalten und nicht in den Feldern c und/oder h angegeben sind. Ist nur die Zahl der Ausfallstunden bekannt, so kann diese eingesetzt werden unter Beifügung der Bezeichnung «Stunden». Allenfalls kann auch nur der Prozentsatz und die Dauer der Arbeitszeitverkürzung angegeben werden (z.B. 20% vom 1.4. bis 30.6.19..).

Ziffer 1, Lohn

19 *Feld B, Bruttolohn*
Im Bruttolohn müssen *sämtliche Vergütungen mit Lohncharakter* enthalten sein, also auch die unter Ziffer 2 zu spezifizierenden Vergütungen (Rz 28–37) und die unter Ziffer 3 auszuweisenden Versicherungsbeiträge (Rz 38–42), nicht aber die unter Ziffer 4 anzugebenden Spesenvergütungen (Rz 43–57, ausgenommen Rz 44). Auf der Rückseite des Formulars sind die am häufigsten in Betracht kommenden Vergütungen aufgeführt; die Aufzählung ist aber nicht abschliessend.

20 In den Bruttolohn einzubeziehen sind zufolge ihres Lohncharakters alle Beiträge des Arbeitgebers an Versicherungen zugunsten des Arbeitnehmers (Ausnahmen siehe Rz 22). Es handelt sich dabei um Beiträge an Krankenversicherungen (Krankenkassen), an Zusatzversicherungen zur obligatorischen Unfall- und Arbeitslosenversicherung, an Lebens-, Renten-, Kapital- oder Sparversicherungen ausserhalb der kollektiven beruflichen Vorsorge (2. Säule) usw.

21 In den Bruttolohn (Feld B) einzubeziehen sind insbesondere auch alle dem Arbeitnehmer vom Lohn abgezogenen oder vom Arbeitgeber selber zugunsten des Arbeitnehmers geleisteten Beiträge an *anerkannte Formen der gebundenen Selbstvorsorge (Säule 3a).* Diese Beiträge sind aber keinesfalls durch den Arbeitgeber im Lohnausweis abzuziehen und zu bescheinigen, sondern ausnahmslos von der Versicherungseinrichtung oder Bankstiftung in einer besonderen Bescheinigung (Formular 21 EDP dfi) auszuweisen.

22 Zum Bruttolohn gehören in Übereinstimmung mit der für die AHV geltenden Ordnung ferner auch vom Arbeitgeber übernommene (d.h. nicht vom Lohn abgezogene), nach Gesetz jedoch vom Arbeitnehmer geschuldete Beiträge an die AHV/IV/EO/ALV (Rz 23). *Nicht* in den Bruttolohn einzubeziehen und deshalb in den entsprechenden Feldern auch nicht als Abzüge auszuweisen sind sämtliche vom Arbeitgeber übernommenen Arbeitnehmerbeiträge an die kollektive berufliche Vorsorge (2. Säule, Rz 24 und 41a) und an die obligatorische NBUV (Rz 26).

23 *Feld C, AHV/IV/EO/ALV:* Anzugeben sind die im Bruttolohn (Feld B) enthaltenen, dem Arbeitnehmer abgezogenen oder vom Arbeitgeber übernommenen Arbeitnehmerbeiträge. Betreffend vom Arbeitgeber übernommene Beiträge siehe auch Rz 22.

24 *Feld D, Berufliche Vorsorge:* Einzusetzen sind die im Bruttolohn (Feld B) enthaltenen, dem Arbeitnehmer nach Gesetz, Statut oder Reglement vom Lohn *abgezogenen* Beiträge (sowohl ordentliche Beiträge als auch Beiträge für den Einkauf von Lohnerhöhungen) an steuerbefreite Einrichtungen der *kollektiven beruflichen Vorsorge (2. Säule),* und zwar ungeachtet dessen, ob es sich um obligatorische oder freiwillige Vorsorge im Rahmen des koordinierten Lohnes (Säule 2a) oder um zusätzliche berufliche Vorsorge (Säule 2b) handelt. Betreffend *Einkauf von Beitragsjahren* siehe Rz 40, betreffend Übernahme von Beiträgen durch den Arbeitgeber Rz 22, betreffend Beiträge an anerkannte Formen der gebundenen Selbstvorsorge (Säule 3a) Rz 21.

25 *Feld E, Nettolohn I:* Einzusetzen ist der vom Bruttolohn (Feld B) nach Abzug der Beiträge an die AHV/IV/ EO/ALV (Feld C) und an die berufliche Vorsorge (Feld D) verbleibende Betrag.

26 *Feld F, Prämien NBUV:* Anzugeben sind die im Bruttolohn (Feld B) enthaltenen, dem Arbeitnehmer *abgezogenen* Prämien für die gemäss Unfallversicherungsgesetz *obligatorische Nichtberufsunfallversicherung (NBUV).* Prämien für Zusatzversicherungen sind nicht hier, sondern im Feld k (Rz 39) auszuweisen. Betreffend Übernahme von Beiträgen durch den Arbeitgeber siehe Rz 22 für obligatorische und Rz 20 für nichtobligatorische Prämien (Zusatzversicherungen).

27 *Feld G, Nettolohn II:* Einzusetzen ist der vom Nettolohn I (Feld E) nach Abzug der obligatorischen NBUV-Prämien (Feld F) verbleibende Betrag. Der Nettolohn II ist auch dann einzusetzen, wenn im Feld F kein Abzug erfolgt und Nettolohn I und Nettolohn II deshalb identisch sind.

Betreffend *Tage mit Schichtarbeit* oder mit *Lohnausfall* siehe Rz 17 und 18.

Ziffer 2
Besondere Bestandteile des Bruttolohnes

28 Von den Vergütungen, die im Bruttolohn gemäss Feld B (Rz 19–22) eingeschlossen sein müssen, sind hier diejenigen zusätzlich noch einzeln aufzuführen, deren Kenntnis für die Veranlagung von besonderer Bedeutung ist (oder die kantonal unterschiedlich behandelt werden).

29 *Feld a, Kinderzulagen:* Wenn diese nicht durch den Arbeitgeber ausbezahlt werden, ist die auszahlende Stelle unter «Bemerkungen» anzugeben.
Im Feld a sind nicht nur die eigentlichen Kinderzulagen anzugeben, sondern Familienzulagen aller Art. Ausgenommen sind einzig die im Feld g einzusetzenden Heirats- und Geburtszulagen.

30 *Feld b, Wegvergütungen:* Richtet der Arbeitgeber eine Barvergütung an die Fahrkosten zwischen Wohn- und Arbeitsort aus oder bezahlt er das Abonnement, so ist der bezahlte Betrag in den Bruttolohn einzubeziehen und hier auszuweisen. Der Arbeitnehmer kann in diesem Fall in seiner Steuererklärung den zulässigen Abzug für Fahrkosten vornehmen (vgl. hierzu Rz 58 und 43).

31 *Feld c, Taggelder aus Versicherungen:* In den Bruttolohn einzubeziehen und im Feld c separat anzugeben sind alle durch den Arbeitgeber ausgerichteten Erwerbsausfallentschädigungen aus Kranken-, Unfall- und Invalidenversicherung. Richtet der Arbeitgeber dem Arbeitnehmer nicht die Versicherungsleistung aus, sondern einen Lohn, so muss letzterer im Bruttolohn enthalten sein, im Feld c aber nicht separat angegeben werden. Betreffend EO siehe Rz 31a, betreffend Arbeitslosenversicherung Rz 36, betreffend direkt von der Versicherung an den Arbeitnehmer ausgerichtete Entschädigungen Rz 18.

31a *Leistungen der EO* oder der an ihrer Stelle vom Arbeitgeber ausgerichtete Lohn sind in den Bruttolohn einzubeziehen, im Feld c aber nicht separat auszuweisen.

32 *Feld e, Naturalleistungen*
Naturalleistungen sind grundsätzlich mit dem Betrag zu bewerten, den der Arbeitnehmer anderswo unter gleichen Verhältnissen dafür hätte bezahlen müssen (Marktwert). Die für die Bewertung von Verpflegung und Unterkunft in der Regel massgebenden Ansätze sind aus dem bei der kantonalen Steuerverwaltung oder bei der Eidg. Steuerverwaltung erhältlichen Merkblatt N2 ersichtlich.

33 Setzt sich der Lohn aus Barlohn und aus voller oder teilweiser freier Verpflegung und Unterkunft (sog. Naturallohn) zusammen, so sind beide in den Bruttolohn (Feld B) einzubeziehen, der Wert von Verpflegung und Unterkunft ist aber noch gesondert im Feld e auszuweisen.

34 Erfolgt die Entlöhnung nach dem Bruttolohnsystem, so muss der Bruttolohn (sog. grosser Lohn) ungekürzt im Feld B enthalten sein. Zusätzlich ist im Feld e der vom Arbeitgeber im Rahmen eines Pensionsverhältnisses für Verpflegung und Unterkunft verlangte (fakturierte) Betrag einzusetzen und mit einem P (= Pensionsverhältnis) zu kennzeichnen (z.B. «P 6260»).

35 In jedem Fall sind im Vorfeld die zusätzlichen Vermerke gemäss Fussnote 7 des Formulars anzubringen.

36 *Feld h, Leistungen aus Arbeitslosenversicherung:* Anzugeben sind alle Leistungen sowohl der obligatorischen ALV als auch anderer zusätzlicher Lohnausfallversicherungen, die durch den Arbeitgeber ausgerichtet werden (z.B. Kurzarbeits- und Schlechtwetterentschädigungen sowie Einarbeitungszuschüsse der ALV). Erfolgt die Auszahlung direkt von der Versicherung an den Arbeitnehmer, so ist nach Rz 18 vorzugehen. Vorübergehende Arbeitslosigkeit mit späterer Wiederbeschäftigung hat in der Rubrik «Beschäftigungsdauer» (Rz 14) als Unterbruch zu erscheinen.

37 *Felder i und j (Reservefelder)*
In diesen beiden Reservefeldern können besondere, vorstehend nicht erwähnte Vergütungen (z.B. Gaben zum Firmenjubiläum) eingesetzt werden. Insbesondere sind hier die den Arbeitgeber (nicht eine selbstständige Personalvorsorgeeinrichtung) belastenden *Kapitalleistungen* anzugeben, da sie in der Regel einer milderen Besteuerung unterliegen.

Ziffer 3
Versicherungsbeiträge *(im Bruttolohn inbegriffen)*

38 Die Aufteilung in die angeführten Gruppen ist wegen der unterschiedlichen steuerlichen Behandlung nötig. Es dürfen nur im Bruttolohn (Feld B) enthaltene, dem Arbeitnehmer vom Lohn abgezogene oder vom Arbeitgeber übernommene Beiträge angegeben werden. Betreffend Beiträge des Arbeitgebers an Versicherungen zugunsten des Arbeitnehmers siehe auch Rz 20–22.

39 *Feld k, Krankheit, Unfall und Lohnausfall*
Anzugeben sind die im Bruttolohn (Feld B) enthaltenen, dem Arbeitnehmer abgezogenen oder vom Arbeitgeber übernommenen Prämien für Krankenversicherungen jeglicher Art, ferner

für Unfall- und Lohnausfallversicherungen ausserhalb der jeweiligen Obligatorien (z.B. Zusatzversicherungen zur obligatorischen Nichtberufsunfallversicherung).

39a Für die im Kanton *Waadt* steuerpflichtigen Arbeitnehmer sind in diesem Feld von den vertraglich entrichteten Prämien und Beiträgen an Einrichtungen der Krankenversicherung nur diejenigen für Ersatzleistungen bei Lohnausfall anzugeben, d.h. ohne Prämien für Kranken- und Unfallversicherungen zur Deckung der Arzt- und Arzneikosten.

Feld l (Reservefeld)

40 *Feld m, Berufliche Vorsorge: Einkauf*
Anzugeben sind die im Bruttolohn (Feld B) enthaltenen, dem Arbeitnehmer vom Lohn *abgezogenen* Beiträge an Einrichtungen der kollektiven *beruflichen Vorsorge (2. Säule) für den Einkauf von Beitragsjahren.* Zufolge der übergangsrechtlich verschiedenartigen Behandlung des Einkaufs von Beitragsjahren lässt es sich nicht vermeiden, dass die Steuerbehörden in Einzelfällen Detailbescheinigungen einverlangen müssen.

41 Vom Arbeitnehmer selber aufgebrachte, d.h. ihm *nicht* vom Lohn abgezogene Beiträge für den Einkauf von Beitragsjahren sind nicht in den Bruttolohn einzubeziehen und sind nicht durch den Arbeitgeber im Lohnausweis, sondern durch die Vorsorgeeinrichtung separat im Formular 21 EDP dfi zu bescheinigen. Erfolgt die Überweisung nicht direkt vom Arbeitnehmer an die Vorsorgeeinrichtung, sondern durch den Arbeitgeber, so hat letzterer diese Beiträge der Vorsorgeeinrichtung getrennt von andern Arbeitnehmer- und Arbeitgeberbeiträgen bekanntzugeben.

41a Vom Arbeitgeber oder von der Vorsorgeeinrichtung übernommene Arbeitnehmerbeiträge für den Einkauf von Beitragsjahren, auf die Vorsorgeeinrichtung übertragene Freizügigkeitsleistungen (aus andern Vorsorgeeinrichtungen, aus Freizügigkeitspolicen und andern Formen der Erhaltung des Vorsorgeschutzes) sowie aus einer anerkannten Form der gebundenen Selbstvorsorge (Säule 3a) an die Vorsorgeeinrichtung überwiesene Mittel können vom Arbeitnehmer steuerlich nicht abgezogen werden. Sie sind weder vom Arbeitgeber in den Bruttolohn einzubeziehen und im Lohnausweis anzugeben noch durch die Vorsorgeeinrichtung im Formular 21 EDP dfi zu bescheinigen.

42 *Feld n (Reservefeld)*
Einzusetzen sind die im Bruttolohn (Feld B) enthaltenen, dem Arbeitnehmer vom Lohn abgezogenen oder vom Arbeitgeber übernommenen Beiträge an *private Lebens-, Renten-, Kapital- oder Sparversicherungen* (Rz 20). Nicht einzusetzen sind jedoch

alle bereits in den Feldern C, D und F sowie k und m bescheinigten Beiträge oder Prämien. Nicht einzusetzen sind gemäss Rz 21 auch allenfalls vom Arbeitgeber zugunsten des Arbeitnehmers direkt an eine anerkannte Form der gebundenen Selbstvorsorge (Säule 3a) geleisteten Beiträge, und zwar ohne Rücksicht darauf, ob diese Beiträge vom Lohn abgezogen wurden oder nicht.

42a Die Art der in Feld n einzusetzenden Prämien oder Beiträge ist im Kopf oder unter «Bemerkungen» genau zu bezeichnen.

Ziffer 4
Spesenvergütungen (nicht im Bruttolohn enthalten)

43 Als Spesenvergütungen gelten alle vom Arbeitgeber ausgerichteten Entschädigungen für Auslagen, die dem Arbeitnehmer bei *dienstlichen Verrichtungen* erwachsen. Sie sind nicht zu verwechseln mit Beiträgen des Arbeitgebers an die Kosten der Fahrt zwischen Wohn- und Arbeitsort (sog. Wegvergütungen gemäss Rz 30) und den «Besonderen Leistungen» gemäss Rz 58–61.

44 Vergütungen, die zwar als Spesenvergütungen bezeichnet werden, denen aber keine oder nur unbedeutende Auslagen des Arbeitnehmers gegenüberstehen, sind nicht hier anzugeben, sondern in den Bruttolohn einzubeziehen.

45 Die Angaben über die Spesenvergütungen werden verlangt, damit die Steuerbehörden Anhaltspunkte dafür erhalten, ob diese Vergütungen in einem gewissen Umfange Lohncharakter haben. Betragsmässig müssen jedoch nur für leitendes und Aussendienstpersonal alle Spesenvergütungen angegeben werden (siehe auch Rz 55–57). Für anderes als leitendes und Aussendienstpersonal (nachstehend «übriges Personal» genannt) müssen lediglich die sog. Pauschalvergütungen betragsmässig im Lohnausweis erscheinen; von der betragsmässigen Angabe der restlichen Spesenvergütungen kann der Arbeitgeber absehen, wenn sich diese Spesenvergütungen in der Höhe der tatsächlichen Auslagen bewegen; in diesem Falle genügt es, dies durch Ankreuzen des Feldes v zu bestätigen. Für das Ausfüllen der Lohnausweise ist somit in materieller Hinsicht zu unterscheiden zwischen *Pauschalvergütungen* und *nicht pauschalen Vergütungen*, in personeller Hinsicht zwischen *leitendem und Aussendienstpersonal* einerseits und dem *übrigen Personal* anderseits.

46 – Als *Pauschalvergütungen* gelten Spesenvergütungen, die ungeachtet der effektiven Zahl der Kostenereignisse (z.B. Mahlzeiten, Übernachtungen, gefahrene Kilometer usw.) und der effek-

tiven Höhe der Kosten *für einen bestimmten Zeitabschnitt* (z.B. Monat, Quartal, Jahr) pauschal festgelegt werden.

47 – Als *nicht pauschale Vergütungen* gelten solche, die *pro Kostenereignis* (z.B. pro Mittagessen, pro Kilometer usw.) ausgerichtet werden, und zwar ungeachtet dessen, ob pro Kostenereignis feste Ansätze zur Anwendung gelangen oder ob genau die effektiven Kosten vergütet werden.

48 – Zum *leitenden und Aussendienstpersonal* zählt neben dem Personal, das der Geschäftsführung (Direktion, Betriebsleitung usw.) angehört bzw. ihm rang- oder funktionsmässig nahesteht, das eigentliche Aussendienstpersonal (Reisende, Vertreter, Monteure usw.).

49 – Zum *übrigen Personal* gehören alle nicht dem leitenden oder dem Aussendienstpersonal zugezählten Arbeitnehmer.

50 *Feld o:* Dieses Feld ist anzukreuzen, wenn einem Arbeitnehmer, der dem *leitenden oder dem Aussendienstpersonal* zugerechnet wird, *überhaupt keine Spesenvergütungen* (weder Pauschalvergütungen noch nicht pauschale Vergütungen) ausgerichtet werden (wohl seltener Fall) oder wenn ein dem *übrigen Personal* zugezählter Arbeitnehmer *keine Pauschalvergütungen* erhält.

51 *Felder p bis s, Repräsentations-, Auto-, Reise- und andere Spesen:* In diesen Feldern sind *alle* dem *leitenden und Aussendienstpersonal* ausgerichteten Spesenvergütungen (Pauschalvergütungen und nicht pauschale Vergütungen) *betragsmässig* einzusetzen (siehe auch Rz 55–57). Für das *übrige Personal* sind *nur die Pauschalvergütungen betragsmässig* anzugeben, während für die nicht pauschalen Vergütungen die Erläuterungen zu Feld v zu beachten sind. Ist die Aufteilung der ausgerichteten Spesenvergütungen auf die Felder p bis r nicht möglich oder handelt es sich um eine in diesen Feldern nicht erwähnte Spesenart, so ist der entsprechende Betrag im Feld s einzutragen und in der Rubrik «Art» (die zweizeilig beschrieben werden kann) näher zu bezeichnen (z.B. Vertrauensspesen). In der Rubrik «Reisetage» ist für das leitende und das Aussendienstpersonal die Zahl der Reisetage anzugeben (wird der Lohnausweis für beide Bemessungsjahre zusammen erstellt, so sind die Zahlen für beide Jahre untereinander zu schreiben).

52 *Feld t, Geschäftsauto:* Dieses Feld ist anzukreuzen, wenn dem Arbeitnehmer ein Geschäftsauto ausschliesslich für *dienstliche* Fahrten zur Verfügung steht. Kann er das Auto auch für *private* Fahrten (z.B. zwischen Wohn- und Arbeitsstätte) benützen, so ist anstelle des Kreuzes ein P einzusetzen.

53 *Feld u, Abonnement bezahlt:* Dieses Feld ist anzukreuzen, wenn dem Arbeitnehmer ausschliesslich für *dienstliche* Fahrten ein vom Arbeitgeber bezahltes Abonnement zur Verfügung steht. Kann er das Abonnement auch für *private* Fahrten (z.B. zwischen Wohn- und Arbeitsstätte) benützen, so ist anstelle des Kreuzes ein P einzusetzen.

54 *Feld v, Nicht pauschale Vergütungen:* In diesem Feld kann der Arbeitgeber zutreffendenfalls durch Ankreuzen bescheinigen, dass dem sog. *übrigen Personal entweder keine* nicht pauschalen Vergütungen *oder nur solche in der Höhe der tatsächlichen Auslagen* ausbezahlt werden; der Arbeitgeber wird dadurch von der betragsmässigen Angabe dieser Vergütungen entbunden. Dieses Vorgehen ist *auch zulässig*, wenn anstelle der genauen Vergütung der effektiven Kosten *feste Ansätze* (z.B. pro Mittagessen, pro Kilometer usw.) zur Anwendung gelangen, solange damit im Durchschnitt nur die tatsächlichen Auslagen abgegolten werden. Liegen diese festen Ansätze jedoch im Durchschnitt eindeutig über den effektiven Kosten, so sind die vollen Vergütungen zusammen mit allfälligen Pauschalvergütungen betragsmässig in den Feldern p bis s einzusetzen.

Ausnahmeregelung für leitendes und Aussendienstpersonal

55 Gemäss Rz 45 und 51 müssen für leitendes und Aussendienstpersonal (Rz 48) stets alle Spesenvergütungen betragsmässig angegeben werden. In Ausnahmefällen haben Firmen, denen die *betragsmässige Angabe der nicht pauschalen Vergütungen* (Rz 47) des leitenden und Aussendienstpersonals unverhältnismässige Umtriebe verursacht, jedoch die Möglichkeit, bei der Steuerverwaltung des *Sitzkantons* ein begründetes Gesuch um Verzicht auf diese Angaben einzureichen. Dem Gesuch ist ein detailliertes Spesenreglement beizulegen, das von der Steuerbehörde geprüft wird und zu dessen Einhaltung sich die Firma, sofern es genehmigt werden kann, durch Unterzeichnung einer Erklärung zu verpflichten hat. Jede Änderung des Reglementes ist der Steuerbehörde unaufgefordert zu melden. Betreffend Pauschalvergütungen siehe aber Rz 57.

56 Firmen, denen eine Ausnahmebewilligung gemäss Rz 55 erteilt wurde, haben in den Lohnausweisen folgenden Vermerk anzubringen:

56a «Spesenreglement durch .... (Autokennzeichen des Kantons) am .... (Datum) genehmigt.»

Im Detail ist dabei wie folgt vorzugehen:

56b – *Bei Arbeitnehmern, denen keine Pauschalvergütungen (Rz 46) ausgerichtet werden:*
Feld o wird leer gelassen; in den Feldern p–s werden auf der 1. Printzeile die Worte «Keine Pauschalvergütungen» und auf der 2. Printzeile (oder auf der Printzeile direkt unter diesen Feldern) der Vermerk gemäss Rz 56a eingesetzt.

56c – *Bei Arbeitnehmern, die Pauschalvergütungen (Rz 46) erhalten:*
Feld o wird leer gelassen; in den Feldern p–s werden auf der 1. Printzeile (bei zweijährlicher Erstellung des Lohnausweises auf der 1. und 2. Printzeile) die ausgerichteten Pauschalvergütungen betragsmässig angegeben und auf der 2. Printzeile (oder auf der Printzeile direkt unter diesen Feldern) der Vermerk gemäss Rz 56a eingesetzt.

57 Die Erteilung einer Ausnahmebewilligung im Sinne von Rz 55 berührt die Angabe der *Pauschalvergütungen* nicht; diese müssen für das gesamte Personal ausnahmslos betragsmässig angegeben werden.

Ziffer 5
Besondere Leistungen

58 *Feld w, Unentgeltliche Beförderung zwischen Wohn- und Arbeitsort:* Die Steuerbehörde muss von der unentgeltlichen Beförderung zwischen Wohn- und Arbeitsort durch den Arbeitgeber Kenntnis haben, da in diesem Fall dem Arbeitnehmer kein Abzug für Fahrkosten in seiner Steuererklärung zusteht (gemeint ist nur die Beförderung zwischen Wohnort und *ständigem* Arbeitsort, nicht aber die Beförderung an auswärtige Arbeitsplätze, wie sie insbesondere im Baugewerbe vorkommt). Wird dagegen eine Barvergütung an die Fahrkosten ausgerichtet oder das Abonnement durch den Arbeitgeber bezahlt, so ist dieses Feld nicht anzukreuzen, sondern nach Rz 30 vorzugehen.

59 *Feld x, Beitrag an die Kosten der Mahlzeiten am Arbeitsort:* Es handelt sich hier um Beiträge in bar oder in Form von Mahlzeitengutscheinen (Lunch-Checks). Werden dem Personal grundsätzlich solche Beiträge ausgerichtet, so ist das Feld auch dann anzukreuzen, wenn nicht bekannt ist, wie weit der Arbeitnehmer tatsächlich hiervon Gebrauch gemacht hat. Zu berücksichtigen sind nur Beiträge an Mahlzeiten am ständigen Arbeitsort, nicht aber bei Versetzung an auswärtige Arbeitsplätze, z.B. im Baugewerbe.

60 *Feld y, Möglichkeit der Kantinenverpflegung:* Wenn dem Personal grundsätzlich diese Möglichkeit geboten wird, so ist das Feld auch dann anzukreuzen, wenn nicht bekannt ist, wie weit der Arbeitnehmer davon Gebrauch gemacht hat. Bietet die Kantine nur für einen Teil des Personals Platz, so ist anstelle eines Kreuzes ein P (= partiell) einzusetzen.

61 *Feld z, Einräumung von Beteiligungs- oder Forderungsrechten:* Hat der Arbeitgeber oder ein ihm nahestehender Dritter dem Arbeitnehmer solche Rechte, z.B. Mitarbeiteraktien oder Arbeitnehmerobligationen, unter deren Verkehrswert eingeräumt, so muss die Steuerbehörde abklären, in welchem Umfang und in welchem Zeitpunkt eine steuerbare Lohnleistung des Arbeitgebers vorliegt. Darum ist eine Bescheinigung beizulegen, die Aufschluss über den Tatbestand gibt.

Schlusspositionen

62 *Bemerkungen:* Dieser Raum dient zur Angabe der zu verschiedenen Punkten verlangten Ergänzungen (Beschäftigungsdauer, Kinderzulagen usw.), daneben aber auch für andere zusätzliche Angaben oder Präzisierungen.

62a Mit dem Text «*Quellensteuerabzug* vom ..... bis ..... Fr. .....» sind im Raum «Bemerkungen» alle dem quellensteuerpflichtigen Arbeitnehmer vom Lohn abgezogenen Steuern anzugeben. Der Arbeitgeber erfüllt damit seine Bescheinigungspflicht gegenüber dem Arbeitnehmer (Art. 88 und 100 DBG, Art. 37 StHG); vorbehalten bleibt eine weitergehende Bescheinigungspflicht nach kantonalem Recht auf separatem Formular.

63 *Unterschrift:* Siehe Rz 5. Die Angabe der Telefonnummer erleichtert allfällige Rückfragen der Steuerbehörde.

Zahlenbeispiel siehe Seite 121

Abkürzungen
AHV Alters- und Hinterlassenenversicherung
ALV Obligatorische Arbeitslosenversicherung
BVG Bundesgesetz über die berufliche Vorsorge
DBG Bundesgesetz über die direkte Bundessteuer
EO   Erwerbsersatzordnung
IV   Invalidenversicherung
NBUV Obligatorische Nichtbetriebsunfallversicherung
Rz   Randziffer
StHG Bundesgesetz über die Harmonisierung der direkten Steuern der Kantone und Gemeinden

Zahlenbeispiel zum Ausfüllen des Lohnausweises (Formular 11 EDP dfi)

Die Y-Treuhand AG
- trägt die Hälfte folgender Versicherungsbeiträge: Pensionskasse, Krankenversicherung, NBUV sowie Zusatz Nichtberufsunfall;
- übernimmt die Beiträge an die Säule 3a ihres Direktors;
- zahlt Gratifikationen netto aus (d.h. übernimmt die Arbeitnehmerbeiträge an AHV/IV/EO/ALV/NBUV);
- übernimmt die Abonnementskosten für die Fahrt zwischen Wohn- und Arbeitsstätte;
- stellt für Dienstreisen unpersönliche Generalabonnemente oder Geschäftsautos zur Verfügung (letzteres kann vom Direktor auch für private Fahrten benützt werden);
- führt zusammen mit andern Firmen eine Betriebskantine;
- offeriert Mitarbeiteraktien zu Vorzugsbedingungen.

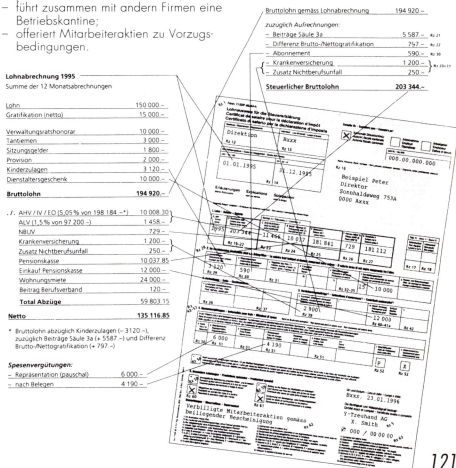

Bruttolohn gemäss Lohnabrechnung	194 920.–	
zuzüglich Aufrechnungen:		
– Beiträge Säule 3a	5 587.–	Rz 21
– Differenz Brutto-/Nettogratifikation	797.–	Rz 22
– Abonnement	590.–	Rz 30
– Krankenversicherung	1 200.–	Rz 20+19
– Zusatz Nichtberufsunfall	250.–	
Steuerlicher Bruttolohn	**203 344.–**	

Lohnabrechnung 1995
Summe der 12 Monatsabrechnungen

Lohn	150 000.–
Gratifikation (netto)	15 000.–
Verwaltungsratshonorar	10 000.–
Tantiemen	3 000.–
Sitzungsgelder	1 800.–
Provision	2 000.–
Kinderzulagen	3 120.–
Dienstaltersgeschenk	10 000.–
Bruttolohn	**194 920.–**
./. AHV/IV/EO (5,05% von 198 184.–*)	10 008.30
ALV (1,5% von 97 200.–)	1 458.–
NBUV	729.–
Krankenversicherung	1 200.–
Zusatz Nichtberufsunfall	250.–
Pensionskasse	10 037.85
Einkauf Pensionskasse	12 000.–
Wohnungsmiete	24 000.–
Beitrag Berufsverband	120.–
Total Abzüge	**59 803.15**
Netto	**135 116.85**

* Bruttolohn abzüglich Kinderzulagen (– 3120.–), zuzüglich Beiträge Säule 3a (+ 5587.–) und Differenz Brutto-/Nettogratifikation (+ 797.–)

Spesenvergütungen:
- Repräsentation (pauschal) 6 000.–
- nach Belegen 4 190.–

**Muster
Spesenreglement der .... AG**

Anhang 2

I. Allgemeines

1. *Geltungsbereich*
   Dieses Spesenreglement gilt für sämtliche Mitarbeiterinnen und Mitarbeiter (nachfolgend Mitarbeiter) der .... AG, welche mit dieser in einem Arbeitsverhältnis stehen.

2. *Definition des Spesenbegriffs*
   Als Spesen im Sinne dieses Reglementes gelten die Auslagen, die einem Mitarbeiter im Interesse des Arbeitgebers angefallen sind. Sämtliche Mitarbeiter sind verpflichtet, ihre Spesen im Rahmen dieses Reglementes möglichst tief zu halten. Aufwendungen, die für die Arbeitsausführung nicht notwendig waren, werden von der Firma nicht übernommen, sondern sind von den Mitarbeitern selbst zu tragen.
   Im Wesentlichen werden den Mitarbeitern folgende geschäftlich bedingten Auslagen ersetzt:
   – Fahrtkosten   (nachfolgend II.)
   – Verpflegungskosten   (nachfolgend III.)
   – Übernachtungskosten   (nachfolgend IV.)
   – Übrige Kosten   (nachfolgend V.)

3. *Grundsatz der Spesenrückerstattung*
   Grundsätzlich gilt, dass sämtliche Spesen effektiv nach Spesenereignis und gegen Originalbeleg abgerechnet werden. Fallpauschalen werden nur in den nachfolgend angeführten Ausnahmefällen gewährt.

II. Fahrtkosten

1. *Bahnreisen*
   Für Geschäftsreisen im In- und Ausland sind sämtliche Mitarbeiter berechtigt, im Zug die 1. Klasse zu benützen. Bei Bedarf wird den Mitarbeitern von der Firma ein persönliches Halbtaxabonnement zur Verfügung gestellt.
   Für Mitarbeiter, die aus geschäftlichen Gründen oft mit der Bahn reisen, kann nach Bedarf ein Generalabonnement ausgestellt werden. Inhaber eines Generalabonnementes haben keinen Anspruch auf weitere Autoentschädigungen und können in ihrer Steuererklärung keinen Abzug für den Arbeitsweg vornehmen. Im Lohnausweis wird ein entsprechender Hinweis angebracht.

2. *Tram- und Busfahrten*
Für Geschäftsreisen wird den Mitarbeitern ein entsprechendes Tram- bzw. Busbillett zur Verfügung gestellt. Bei Bedarf kann Mitarbeitern eine Regenbogenkarte ausgestellt werden. Inhaber einer Regenbogenkarte können in der Regel keinen Abzug für die Kosten des Arbeitsweges vornehmen. Im Lohnausweis wird ein entsprechender Hinweis angebracht.

3. *Flugzeug*
Sämtliche Mitarbeiter können für Flugreisen die «Business-Class» benützen. In dringenden und ausserordentlichen Fällen bzw. wo dies aus Repräsentationsgründen sinnvoll ist, kann «First-Class» geflogen werden. Meilengutschriften, Bonuspunkte und Prämien etc., die den Mitarbeitern anlässlich von Geschäftsreisen von den Luftverkehrsgesellschaften gutgeschrieben werden, sind in erster Linie wieder für geschäftliche Zwecke zu verwenden.

4. *Dienstfahrten mit Privatwagen/Taxi*
Grundsätzlich sind die öffentlichen Verkehrsmittel zu benützen.
Die Kosten für den Gebrauch des privaten Motorfahrzeuges/Taxis für eine Geschäftsreise werden nur dann vergütet, wenn durch deren Benutzung eine wesentliche Zeit- und/oder Kostenersparnis resultiert bzw. die Verwendung der öffentlichen Verkehrsmittel unzumutbar ist. Wird trotz guter öffentlicher Verkehrsverbindungen das eigene Fahrzeug/Taxi benützt, werden nur die Kosten des öffentlichen Verkehrsmittels vergütet.
Bis 10 000 km beträgt die Kilometer-Entschädigung –.70 (–.80)
Ab 10 000 km beträgt die Kilometer-Entschädigung –.60 (–.70)

5. *Geschäftswagen (sofern vorhanden)*
Mitgliedern der Geschäftsleitung kann ein Geschäftswagen zur Verfügung gestellt werden.
Der Geschäftswagen steht auch für den Privatgebrauch zur Verfügung. Im Lohnausweis wird ein entsprechender Hinweis angebracht.
Die Anschaffungs- sowie sämtliche Unterhaltskosten werden von der Firma übernommen. Vom Mitarbeiter selbst zu tragen sind die Benzinkosten, die ihm bei ferienbedingten Autofahrten entstehen. Für die Privatbenutzung wird dem Mitarbeiter folgender Betrag im Lohnausweis (Bruttolohn) aufgerechnet:
Anschaffungswert (Katalogpreis Neuwagen)
bis   Fr. 30 000.– = Fr. 4 000.–
bis   Fr. 40 000.– = Fr. 5 000.–
bis   Fr. 50 000.– = Fr. 6 000.–
bis   Fr. 60 000.– = Fr. 7 000.–
über Fr. 60 000.– = Fr. 8 000.–

Aufgrund dieser Vereinbarung werden in den persönlichen Steuereinschätzungen dieser Mitarbeiter grundsätzlich keine Aufrechnungen mehr für den Privatgebrauch des Geschäftswagens vorgenommen; ein Arbeitswegabzug entfällt. Das genehmigte Spesenreglement schliesst allerdings eine Abrede bezüglich Wagen der Luxusklasse ausdrücklich aus. Diesbezüglich gilt unverändert folgende Bestimmung des Merkblatts für die Ermittlung des Privatanteils an Autokosten: Wird ein für die Berufsausübung nicht erforderliches Fahrzeug der Luxusklasse oder ein für die konkrete geschäftliche Nutzung ungeeignetes Fahrzeug betrieben, so sind die dadurch angefallenen Mehrkosten als nicht geschäftsmässig begründet vorweg auszuscheiden. Dabei ist in der Regel von den Kosten für einen Wagen der sogenannten Mittelklasse auszugehen. Diese verbleibenden Kosten sind nach Massgabe der tatsächlichen Benutzung in einen beruflichen und einen privaten Bereich aufzuteilen.

oder (Führung eines Bordbuches vorausgesetzt)

Mitgliedern der Geschäftsleitung kann ein Geschäftswagen zur Verfügung gestellt werden.
Der Geschäftswagen steht ausschliesslich für Geschäftsfahrten zur Verfügung.
Wird der Geschäftswagen ausnahmsweise für Privatzwecke verwendet, ist vom Mitarbeiter eine Kilometerentschädigung von Fr. −.40 gemäss Bordbuch zu entrichten. Im Lohnausweis wird ein entsprechender Hinweis angebracht.

III. Verpflegungskosten

1. *Verpflegungsbeitrag*
   Sämtliche Mitarbeiter erhalten eine Essensgeldentschädigung von Fr. 200.− pro Monat. Im Lohnausweis wird ein entsprechender Hinweis angebracht.

2. *Auswärtige Verpflegung*
   Muss ein Mitarbeiter eine Geschäftsreise antreten oder ist er aus anderen Gründen gezwungen, sich ausserhalb seines sonstigen Arbeitsplatzes zu verpflegen, hat er Anspruch auf Vergütung der effektiven Kosten, wobei folgende Richtwerte nicht überschritten werden sollten:

Frühstück (bei Abreise vor 07.30 Uhr bzw. bei vorangehender Übernachtung, sofern das Frühstück in den Hotelkosten nicht inbegriffen ist)	Fr. 10.−
Mittagessen	Fr. 35.−
Abendessen (bei auswärtiger Übernachtung oder Rückkehr nach 19.30 Uhr)	Fr. 35.−

IV. Übernachtungskosten

1. *Hotelkosten*
Für Übernachtungen sind in der Regel Mittelklasshotels zu wählen.
Ausnahmsweise kann, sofern es durch das Geschäftsinteresse bedingt ist, aus Repräsentationsgründen ein Hotel einer höheren Preiskategorie gewählt werden.
Entschädigt werden die effektiven Hotelkosten gemäss Originalbeleg, wobei allfällige Privatauslagen (z.B. Privattelefone) von der Hotelrechnung in Abzug zu bringen sind.

2. *Private Übernachtung*
Bei privater Übernachtung bei Freunden etc. werden die effektiven Kosten bis max. Fr. 80.– für ein Geschenk an den Gastgeber vergütet.

V. Weitere Ausgaben

1. *Repräsentationsausgaben*
Im Rahmen der Kundenbetreuung bzw. der Kontaktpflege zu der Firma nahestehenden Drittpersonen kann es im Interesse der Firma liegen, dass diese Drittpersonen von Mitarbeitern eingeladen werden.
Grundsätzlich gilt, dass bei solchen Einladungen Zurückhaltung zu üben ist. Die anfallenden Kosten müssen stets durch das Geschäftsinteresse gedeckt sein. Bei der Wahl der Lokalitäten ist auf die geschäftliche Bedeutung des Kunden bzw. Geschäftspartners sowie die ortsüblichen Sitten Rücksicht zu nehmen.
Vergütet werden die effektiven Kosten, wobei folgende Angaben zu vermerken sind:
– Name und Titel aller anwesenden Personen, deren Firma und deren Geschäftsbeziehung zur .... AG (einschliesslich Firmenangestellte)
– Name und Ort des Lokals
– Datum der Einladung
– Geschäftszweck der Einladung

2. *Aus- und Weiterbildungskosten*
Im Rahmen einer von der Firma bewilligten Aus- bzw. Weiterbildung werden die Kosten gemäss individueller Absprache mit dem Mitarbeiter von der Firma übernommen. Gemäss dieser Absprache können insbesondere vergütet werden:
– Seminarkosten
– Kurskosten
– Prüfungsgebühren
– Kursmaterial

3. *Kleinausgaben*
Kleinausgaben, wie z.B. Parkgebühren, Geschäftstelefone von unterwegs etc., werden grundsätzlich, soweit sie geschäftsbedingt sind, gegen Originalbeleg vergütet.

Sofern die Beibringung eines Originalbeleges unmöglich bzw. unzumutbar ist, kann ausnahmsweise ein Eigenbeleg eingereicht werden.

4. *Kreditkarten (sofern vorhanden)*
Mitglieder der Geschäftsleitung können eine persönlich auf den Namen des Mitarbeiters lautende Kreditkarte beziehen.

Die Kosten dieser Kreditkarte werden von der .... AG übernommen.

Diese Kreditkarte darf ausschliesslich für geschäftliche Spesen verwendet werden.

VI. Administrative Bestimmungen

1. *Spesenvorschuss*
Allfällige Spesenvorschüsse sind vor Bezug durch den zuständigen Vorgesetzten zu genehmigen.

2. *Spesenabrechnung und Visum*
Für die Spesenabrechnung ist das von der Firmenleitung vorgeschriebene Formular .... zu benützen.

Die Spesenabrechnungen sind in der Regel nach Beendigung des Spesenereignisses, mindestens jedoch einmal monatlich zu erstellen und zusammen mit den entsprechenden Spesenbelegen dem zuständigen Vorgesetzten zum Visum vorzulegen.

Belege, die der Spesenabrechnung beigelegt werden müssen, sind Originaldokumente wie Quittungen, quittierte Rechnungen, Kassenbons, Kreditkartenbelege, Fahrspesenbelege etc.

3. *Spesenrückerstattung*
–
–

4. *Aufbewahren der Spesenbelege und -abrechnungen*
Spesenabrechnungen samt den entsprechenden Belegen sind während ...... Jahren für allfällige Kontrollen aufzubewahren.

VII. Gültigkeit

Dieses Spesenreglement tritt mit Wirkung ab 1. Januar 20.. in Kraft.

Dieses Spesenreglement wurde dem kantonalen Steueramt ... zur Prüfung unterbreitet und von diesem genehmigt.

Aufgrund dieser Genehmigung verzichtet die .... AG auf die betragsmässige Bescheinigung der nach tatsächlichem Aufwand abgerechneten Spesen für leitendes und im Aussendienst tätiges Personal in den Lohnausweisen.

Jede Änderung dieses Spesenreglementes wird dem Steueramt des Kantons ... vorgängig zur Genehmigung unterbreitet.

Zusatzreglement für das leitende Personal

I. Grundsatz

Das allgemeine Spesenreglement gilt auch für das leitende Personal, soweit dieses Zusatzreglement nicht davon abweicht.

II. Leitende Angestellte

Als leitende Angestellte im Sinne dieses Zusatzreglementes gelten folgende Mitarbeiterkategorien:
- Generaldirektoren
- Stellvertretende Generaldirektoren
- Direktoren
- Stellvertretende Direktoren
- Vizedirektoren

III. Pauschalspesen

Den obgenannten leitenden Angestellten erwachsen im Rahmen ihrer geschäftlichen Tätigkeit vermehrt Auslagen für Repräsentation sowie Akquisition und Pflege von Kundenbeziehungen. Die Belege für diese Repräsentations- und übrigen Bagatellspesen sind teilweise nicht oder nur unter schwierigen Bedingungen zu beschaffen. Aus Gründen einer rationellen Abwicklung wird daher den leitenden Angestellten eine jährliche Pauschalentschädigung ausgerichtet.

Mit dieser Pauschalentschädigung sind sämtliche Kleinausgaben bis zur Höhe von Fr. 30.– pro Ereignis abgegolten, wobei jede Ausgabe als einzelnes Ereignis gilt. Verschiedene zeitlich gestaffelte Ausgaben können somit auch dann nicht zusammengezählt werden, wenn sie im Rahmen eines einzigen Geschäftsauftrages (z.B. einer Reise) erfolgen (Kumulationsverbot). Empfänger von Pauschalspesen können diese Kleinausgaben (Bagatellspesen) bis Fr. 30.– nicht mehr effektiv geltend machen.

Als Kleinausgaben im Sinne dieses Zusatzreglementes gelten insbesondere:
- Einladungen von Geschäftspartnern zu kleineren Verpflegungen im Restaurant oder zu Hause
- Geschenke, die bei Einladungen von Geschäftsfreunden überbracht werden (Blumen, Alkoholika etc.)
- Zwischenverpflegungen
- Geschäftstelefone vom Privatapparat

- Trinkgelder
- Einladungen und Geschenke an Mitarbeiter
- Beiträge an Institutionen, Vereine etc.
- Nebenauslagen für und mit Kunden ohne Quittungen
- Kleinauslagen bei Besprechungen und Sitzungen
- Tram-, Bus-, Taxifahrten
- Parkgebühren
- Geschäftsfahrten mit dem Privatwagen im Ortsrayon (Radius 30 km)
- Gepäckträger, Garderobengebühren
- Post- und Telefongebühren
- Kleiderreinigungen

IV. Höhe der Pauschalspesen

Die Höhe der Pauschalspesen pro Jahr beträgt für:
- Generaldirektoren   Fr. .....
- Stellvertretende Generaldirektoren   Fr. .....
- Direktoren   Fr. .....
- Stellvertretende Direktoren   Fr. .....
- Vizedirektoren   Fr. .....

Der ausbezahlte Pauschalspesenbetrag wird im Lohnausweis in der Rubrik «andere Spesen», Ziff. 4 S des Lohnausweises der EStV ausgewiesen.

V. Gültigkeit

Dieses Zusatz-Spesenreglement tritt mit Wirkung ab 1. Januar 20.. in Kraft.

Dieses Zusatz-Spesenreglement wurde dem Steueramt des Kantons ... zur Prüfung unterbreitet und von diesem genehmigt.

Jede Änderung dieses Zusatz-Spesenreglementes wird vorgängig dem Steueramt des Kantons ... zur Genehmigung unterbreitet.

Merkblatt
zur Genehmigung von Spesenreglementen

Anhang 3

Spesenvergütungen sind Leistungen, welche dem Steuerpflichtigen im Zusammenhang mit dem Arbeitsverhältnis zufliessen. Sie gehören grundsätzlich zu den steuerbaren Einkünften, womit sie vom Arbeitgeber im Lohnausweis zu bescheinigen sind. Ob den ausgerichteten Spesenvergütungen abzugsfähige Auslagen entgegenstehen, entscheidet die Steuerbehörde nach Massgabe der Vorschriften über die Abzüge bei unselbstständigem Erwerb.

In Bezug auf die *pauschalen Vergütungen* gilt die Regel, dass diese in jedem Fall, d.h. selbst wenn sie die tatsächlichen Kosten nicht übersteigen, im Lohnausweis aufzuführen sind. Als pauschale Spesenvergütungen gelten jene Entschädigungen, welche ungeachtet der effektiven Zahl der Kostenereignisse (z.B. Mahlzeiten, gefahrene Kilometer) und der effektiven Höhe der Kosten für einen bestimmten Zeitabschnitt pauschal festgelegt werden. Für nicht leitendes oder Innendienstpersonal müssen *effektive Vergütungen*, welche pro Kostenereignis ausgerichtet werden, betragsmässig nicht angegeben werden, sofern sie sich in der Höhe der tatsächlichen Auslagen bewegen. In diesem Fall ist zu bescheinigen, dass die Entschädigungen den tatsächlichen Aufwendungen entsprechen.

Für *leitendes Personal* und *Aussendienstpersonal* müssen grundsätzlich sämtliche pauschalen und effektiven Spesenvergütungen betragsmässig angegeben werden. Arbeitgeber können jedoch von der Pflicht zur betragsmässigen Bescheinigung der nach dem tatsächlichen Aufwand abgerechneten Spesen dispensiert werden. *Voraussetzung* hierfür ist, dass das Unternehmen der Steuerbehörde des Sitzkantons ein für alle Beschäftigten verbindliches Spesenreglement zur Genehmigung vorlegt und sich schriftlich verpflichtet,

- den Arbeitnehmern neben den auf dem Lohnausweis als Salärbestandteil bescheinigten Vergütungen keine im Spesenreglement nicht vorgesehenen Leistungen irgendwelcher Art zukommen zu lassen;
- keinerlei auf dem Lohnausweis nicht als Salärbestandteil ausgewiesene Privatauslagen der Arbeitnehmer direkt zu bezahlen;
- mit den reglementarischen Spesenvergütungen nur den Auslagenersatz aufgrund des Arbeitsvertragsrechts abzudecken;
- Leistungen jeder Art, welche die genehmigten Ansätze gemäss Spesenreglement übersteigen, als Salärbestandteil auf dem Lohnausweis auszuweisen;
- jede Änderung des Spesenreglementes vor der Inkraftsetzung der neuen Bestimmungen der Steuerbehörde zur Genehmigung vorzulegen.

Um genehmigt zu werden, muss das Spesenreglement folgende *Anforderungen* erfüllen:
- → Es darf nur die Vergütung von berufsbedingten Auslagen vorsehen.
- → Die Vergütungen sind grundsätzlich nach dem effektiven Aufwand je Kostenereignis zu bemessen.
- → Werden Fallpauschalen pro Kostenereignis vorgesehen, so müssen diese Vergütungen dem durchschnittlich bei den jeweiligen Spesenereignissen anfallenden Kosten entsprechen (unter Abzug eines angemessenen Privatanteils bei Mahlzeiten, bei Benutzung eines Geschäftsautos etc.).
- → Pauschalspesenvergütungen (vorab an Personal in leitender Funktion) müssen funktionsbezogen sein und dürfen nur für berufsbedingte Auslagen ausgerichtet werden, die ein gewisses Mindestmass übersteigen, so dass eine Abrechnung nach Kostenereignis nicht zumutbar ist.

Pauschalspesenvergütungen sind in jedem Fall, d.h. auch bei einem Dispens von der Bescheinigungspflicht, auf dem Lohnausweis zu vermerken. Der erteilte Dispens befreit nicht von der Pflicht, dem Arbeitnehmer auf Verlangen der Steuerbehörden eine Bescheinigung über die Höhe der gesamten Spesenvergütungen im Einzelfall auszustellen. Mit dem Bescheinigungsdispens wird der Arbeitgeber ermächtigt, auf den Lohnausweisen anstelle der Angaben über die Höhe der nicht pauschalen Spesenvergütungen einen Stempel oder Aufdruck mit dem Text «Spesenreglement am .... durch das Kantonale Steueramt Zürich genehmigt» anzubringen. Für Arbeitnehmer mit Wohnsitz ausserhalb der Kantone AG, AI, AR, GL, GR, TG, SG, SH sowie ZH bleibt die Zustimmung durch die dortige Steuerbehörde vorbehalten.

Zürcherische Arbeitgeber haben Dispensgesuche unter Beilage des vollständigen Spesenreglementes sowie – bei Entrichtung von Pauschalspesen – einer Liste der Pauschalspesenempfänger unter Angabe von Name, Vorname, Funktion/Titel, Bruttolöhne (inkl. eines allfälligen Bonus) und den geplanten Pauschalspesen dem kantonalen Steueramt Zürich, Abteilung für Quellensteuer, z.H. Herrn Dr. E. Bosshard, Beckenhofstrasse 23, 8090 Zürich, einzureichen.

Zürcher Steuerbuch Teil I   Nr. 17/300

Richtlinien des kantonalen Steueramtes über die Berücksichtigung besonderer Berufskosten von vorübergehend in der Schweiz tätigen leitenden Angestellten und Spezialisten

Anhang 4
*Expatriates
Abzug besonderer Berufskosten*

(vom 23. Dezember 1999)   (gültig ab Steuerperiode 1999)

Vorbemerkungen

1   Diese Richtlinien regeln gestützt auf § 25 und § 26 des zürcherischen Steuergesetzes (StG) die Abzugsfähigkeit besonderer Berufskosten, die leitenden Angestellten oder Spezialisten dadurch entstehen, dass sie von ihrem ausländischen Arbeitgeber vorübergehend in die Schweiz entsandt werden oder für einen zeitlich befristeten Auftrag vorübergehend in der Schweiz unselbstständig erwerbstätig sind. In Bezug auf die Ermittlung des steuerbaren Erwerbseinkommens gilt auch für diese Arbeitnehmer die allgemeine Bestimmung von § 17 StG, wonach sämtliche Leistungen des Arbeitgebers unter Einschluss aller Zulagen, Naturalleistungen und anderer geldwerter Vorteile steuerbar sind.

A. Persönlicher Anwendungsbereich

2   Diesen Richtlinien unterliegen leitende Angestellte, die von ihrem ausländischen Arbeitgeber vorübergehend in die Schweiz (in der Regel zu einer Tochter- oder Schwestergesellschaft) entsandt werden (sogenannte Expatriates), sowie Spezialisten, die zwecks Erledigung eines zeitlich befristeten Projektes hier als Arbeitnehmer tätig sind und denen aufgrund dieses zeitlich befristeten Aufenthalts in der Schweiz zusätzliche Berufskosten erwachsen.

3   Als leitende Angestellte im Sinne dieser Richtlinien gelten in der Regel Mitglieder der Geschäftsleitung sowie der Direktion bzw. ihnen gleichgestellte Funktionsträger.

4   Als Spezialisten im Sinne dieser Richtlinien gelten Arbeitnehmer, die aufgrund ihrer besonderen beruflichen Qualifikation typischerweise international eingesetzt werden sowie Personen, die in ihrem Wohnsitzstaat selbstständig erwerbstätig sind und zwecks Erledigung eines konkreten, zeitlich befristeten Projekts in der Schweiz als Arbeitnehmer erwerbstätig sind (v.a. Informatik-, IT- und Telekommunikationsspezialisten).

5   Als vorübergehend bzw. zeitlich befristet gilt ein Zeitraum von maximal fünf Jahren. Die Anwendbarkeit dieser Richtlinien fällt dahin, wenn die befristete Arbeitstätigkeit vor Ablauf von fünf Jahren durch eine dauernde Arbeitstätigkeit abgelöst wird.

6 Zur Geltendmachung besonderer Berufskosten gemäss diesen Richtlinien sind nur Steuerpflichtige berechtigt, die neben der Schweiz zu einem zweiten Staat Beziehungen unterhalten (Wohnsitz oder ständige Wohnstätte). Im Einzelnen fallen darunter:

7 1. Im Ausland wohnhafte leitende Angestellte und Spezialisten mit einer Kurzaufenthaltsbewilligung;
Leitende Angestellte und Spezialisten im Sinne dieser Richtlinien sind alle Steuerpflichtigen, die mit einer Kurzaufenthaltsbewilligung (Ausweis L) für die effektive Dauer einer unterjährigen Tätigkeit in der Schweiz erwerbstätig sind und ihren Wohnsitz (Lebensmittelpunkt) im Ausland beibehalten.

8 2. Im Ausland wohnhafte leitende Angestellte und Spezialisten mit einer Arbeitsbewilligung von mindestens einem Jahr;
Leitende Angestellte und Spezialisten im Sinne dieser Richtlinien sind alle Steuerpflichtigen, die mit einer Jahresaufenthaltsbewilligung (Ausweis B) zwecks Erledigung eines zeitlich befristeten Projekts in der Schweiz tätig sind und ihren Wohnsitz (Lebensmittelpunkt) im Ausland beibehalten.

9 3. In der Schweiz wohnhafte leitende Angestellte und Spezialisten mit einer Arbeitsbewilligung von mindestens einem Jahr;
Leitende Angestellte und Spezialisten mit einer mindestens einjährigen Arbeitsbewilligung (vgl. Ziffer 8), die ihren Wohnsitz (Lebensmittelpunkt) in der Schweiz haben, unterliegen dann diesen Richtlinien, wenn sie in ihrem Heimatstaat eine ständige Wohnstätte beibehalten oder die Absicht haben, in absehbarer Zeit dorthin zurückzukehren.

B. Abzugsfähige Berufskosten

10 Für leitende Angestellte und Spezialisten im Sinne von Ziffer 2 ff. sind grundsätzlich die normalen Bestimmungen für den Abzug von Berufskosten anwendbar. Es besteht insbesondere der Anspruch auf den Abzug der Berufskosten gemäss § 26 StG Abs. 1 lit. a und b sowie der übrigen für die Ausübung des Berufes erforderlichen Kosten gemäss § 26 Abs. 1 lit. c StG wie Auslagen für Berufskleider, Berufswerkzeuge, Fachliteratur. Von der Regelung gemäss den nachfolgenden Ziffern nicht berührt wird auch die Ausrichtung von Repräsentationsspesen aufgrund eines genehmigten Spesenreglementes.

11 Als Berufskosten von leitenden Angestellten und Spezialisten im Sinne von § 26 Abs. 1 lit. c StG gelten jedoch zusätzlich jene Kosten, die in unmittelbarem Zusammenhang mit der zeitlich befristeten Tätigkeit in der Schweiz und der gleichzeitigen Beziehung zum ausländischen Wohnsitz- bzw. Heimatstaat anfallen und deren Vermeidung unzumutbar ist. Im Einzelnen ist nach dem Status des Steuerpflichtigen zu unterscheiden:

12   1. Im Ausland wohnhafte leitende Angestellte und Spezialisten mit einer Kurzaufenthaltsbewilligung.
Abzugsfähig sind (analog den Wochenaufenthaltern im interkantonalen Verhältnis):
- die notwendigen Kosten der Unterkunft in der Schweiz;
- die Reisekosten zwischen dem ausländischen Wohnsitzstaat und der Schweiz während der Dauer des Arbeitsverhältnisses;
- die zusätzlichen Mehrkosten für auswärtige Verpflegung (Pauschalansätze gemäss Anhang zur Verordnung über den Abzug von Berufskosten der unselbstständigen Erwerbstätigkeit bei der direkten Bundessteuer).

13   2. Im Ausland wohnhafte leitende Angestellte und Spezialisten mit einer Arbeitsbewilligung von mindestens einem Jahr.
Abzugsfähig sind:
- die Kosten für die Wohnstätte in der Schweiz (soweit diese einen angemessenen Umfang nicht übersteigen), sofern der Steuerpflichtige nachweist, dass er seine Wohnstätte (Wohnung bzw. Haus) im Ausland während der Aufenthaltsdauer in der Schweiz beibehält;
- die Reisekosten zwischen dem ausländischen Wohnsitzstaat und der Schweiz, sofern der Steuerpflichtige nachweist, dass er an den freien Tagen regelmässig an seinen ausländischen Wohnsitz zurückkehrt.

14   3. In der Schweiz wohnhafte leitende Angestellte und Spezialisten mit einer Arbeitsbewilligung von mindestens einem Jahr.
Abzugsfähig sind:
- die Kosten für die Wohnstätte in der Schweiz (soweit diese einen angemessenen Umfang nicht übersteigen), sofern der Steuerpflichtige nachweist, dass er seine Wohnstätte (Wohnung bzw. Haus) im Ausland während der Aufenthaltsdauer in der Schweiz beibehält;
- die Kosten für den Umzug in die Schweiz und zurück in den Heimatstaat;
- die Hin- und Rückreisekosten für den Steuerpflichtigen und seine Familie bei Beginn und Ende des Arbeitsverhältnisses;
- die Schulaufwendungen für den Besuch einer fremdsprachigen Privatschule durch die schulpflichtigen Kinder, sofern die öffentlichen Schulen keinen adäquaten Unterricht anbieten.

15   Nicht abzugsfähig sind insbesondere:
- Mehraufwendungen aufgrund des in der Schweiz im Vergleich zum Heimatstaat höheren allgemeinen Preisniveaus;
- Auslagen für die Wohnungseinrichtung;
- Zusätzliche verbrauchsabhängige Wohnnebenkosten, wie z.B. Kosten für Elektrizität, Wasser, TV-Gebühren etc.;
- Mehraufwendungen aufgrund der im Vergleich zum Heimatstaat höheren Belastung durch direkte Steuern;
- Kosten für Rechts- und Steuerberatung.

C. Bescheinigungspflicht

16 Für Vergütungen des Arbeitgebers an leitende Angestellte und Spezialisten im Sinne von Ziffer 2 ff. im Zusammenhang mit besonderen Berufskosten im Sinne von Ziffer 11 ff. ist zu beachten, dass die ausgerichteten effektiven oder pauschalen Vergütungen sowie die ausgerichteten Naturalleistungen (z.B. Bereitstellen der Wohnung oder Übernahme von Schulkosten durch den Arbeitgeber) im Lohnausweis bescheinigt sein müssen (vgl. dazu auch die Erläuterungen zum Lohnausweis-Formular, welche bei der Eidg. Steuerverwaltung bezogen werden können).

D. Geltendmachung der besonderen Berufskosten

I. Im ordentlichen Verfahren

17 Die besonderen Berufskosten im Sinne von Ziffer 11 ff. werden unabhängig davon berücksichtigt, ob der Steuerpflichtige die Berufskosten selbst bezahlt oder ob sie vom Arbeitgeber übernommen werden und der Arbeitnehmer dadurch eine Naturalleistung erhält.

18 Bezahlt der Steuerpflichtige die besonderen Berufskosten im Sinne von Ziffer 11 ff. vorerst selbst, werden sie ihm dann aber vom Arbeitgeber gegen Vorlage der entsprechenden Originalbelege zurückerstattet, so stellen diese Auslagen effektive Spesen dar, die nicht Bestandteil des steuerbaren Bruttosalärs sind.

19 Bezahlt der Steuerpflichtige die besonderen Berufskosten im Sinne von Ziffer 11 ff. selbst, ohne dass sie ihm später vom Arbeitgeber zurückerstattet werden, so kann von den Bruttoeinkünften für die besonderen Berufskosten ein pauschaler Betrag von Fr. 1500.– pro Monat in Abzug gebracht werden, sofern der Steuerpflichtige die Beibehaltung der ausländischen Wohnstätte anhand entsprechender Unterlagen (Mietvertrag, Wohnsitzbestätigung etc.) nachweist. Macht der Steuerpflichtige geltend, dass die tatsächlichen Auslagen die Pauschale übersteigen, sind die besonderen Berufskosten im Sinne von Ziffer 11 ff. in vollem Umfange nachzuweisen. Der Steuerpflichtige hat der Steuererklärung eine Aufstellung über die tatsächlichen Auslagen beizulegen.

20 Bezahlt der Steuerpflichtige die besonderen Berufskosten im Sinne von Ziffer 11 ff. selbst und werden ihm diese vom Arbeitgeber in Form einer Pauschale zurückerstattet, so kann von den Bruttoeinkünften (inkl. pauschaler Vergütungen) für die besonderen Berufskosten im Sinne von Ziffer 11 ff. ein pauschaler Betrag von Fr. 1500.– pro Monat in Abzug gebracht werden, sofern der Steuerpflichtige die Beibehaltung der ausländischen Wohnstätte anhand entsprechender Unterlagen (Mietvertrag, Wohnsitzbestätigung etc.) nachweist. Macht der Steuerpflichtige geltend, dass die tatsächlichen Auslagen die Pauschale überstei-

gen, sind die besonderen Berufskosten im Sinne von Ziffer 11 ff. in vollem Umfange nachzuweisen. Der Steuerpflichtige hat der Steuererklärung eine Aufstellung über die tatsächlichen Auslagen beizulegen.

II. Im Quellensteuerverfahren

21 Im Quellensteuerverfahren ist ebenfalls zu unterscheiden, ob der Arbeitgeber dem Arbeitnehmer die besonderen Berufskosten nicht, in Form einer Pauschale oder effektiv gegen Beleg vergütet.

22 Werden dem leitenden Angestellten oder Spezialisten die besonderen Berufskosten im Sinne von Ziffer 11 ff. effektiv gegen Beleg zurückerstattet, ist auf diesen Zahlungen keine Quellensteuer zu erheben (vgl. Weisung der Finanzdirektion zur Durchführung der Quellensteuer für ausländische Arbeitnehmer, Ziffer 10). Die Originalbelege sind vom Arbeitgeber aufzubewahren.

23 Werden dem leitenden Angestellten oder Spezialisten gemäss arbeitsvertraglicher Vereinbarung neben dem Monatssalär keine weiteren Spesenvergütungen ausgerichtet, so sind – unabhängig vom Zivilstand des Steuerpflichtigen – die besonderen Berufskosten im Sinne von Ziffer 11 ff. durch eine Monatspauschale von Fr. 1500.– zu berücksichtigen. Der Arbeitgeber hat in diesen Fällen vom total ausbezahlten Monatssalär den Betrag von Fr. 1500.– in Abzug zu bringen und nur auf dem Restbetrag die Quellensteuer zu erheben.

24 Werden dem leitenden Angestellten oder Spezialisten die besonderen Berufskosten im Sinne von Ziffer 11 ff. durch pauschale Vergütungen abgegolten, so sind die besonderen Berufskosten – unabhängig vom Zivilstand des Steuerpflichtigen – mit einer Monatspauschale von Fr. 1500.– zu berücksichtigen. Der Arbeitgeber hat vom total ausbezahlten Monatssalär (inkl. pauschaler Vergütungen) den Betrag von Fr. 1500.– in Abzug zu bringen und nur auf dem Restbetrag die Quellensteuer zu erheben.

25 Wird dem leitenden Angestellten oder Spezialisten die Monatspauschale von Fr. 1500.– vom Bruttosalär in Abzug gebracht, besteht weder die Pflicht noch die Möglichkeit, effektive Spesen im Sinne von Ziffer 11 ff. gegen Beleg geltend zu machen. Steuerpflichtige im Sinne von Ziffer 2 ff. haben aber dem Arbeitgeber die Beibehaltung der ausländischen Wohnstätte anhand entsprechender Unterlagen (Mietvertrag, Wohnsitzbestätigung etc.) nachzuweisen. Diese Belege sind vom Arbeitgeber für eine allfällige Quellensteuerrevision aufzubewahren.

E. Inkrafttreten

26 Diese Richtlinien sind anwendbar für alle offenen Verfahren ab Steuerperiode 1999.

F. Auskünfte

27 Nähere Auskünfte über die in diesen Richtlinien behandelten 27 Fragen erteilen:
    a) hinsichtlich der ordentlichen (nachträglichen) Veranlagung im Bereich der Staats-, Gemeinde- und Bundessteuer: der Chef der Einschätzungsabteilung 6 (Telefon 01 259 37 01);
    b) hinsichtlich der Quellenbesteuerung: der Chef der Abteilung für Quellensteuer (Telefon 01 259 34 91).

Zürich, den 23. Dezember 1999   Kantonales Steueramt Zürich

                                                    Der Chef:
                                                  F. Fessler

Literaturverzeichnis

Blumenstein Ernst, Die charakteristischen Merkmale der Gewinnungskosten im bernischen Steuerrecht, in: Monatsschrift für bernisches Verwaltungsrecht und Notariatswesen 25.

Blumenstein Ernst/Locher Peter, System des Steuerrechts, 5. Aufl., Zürich 1995.

Bosshard Erich, Die steuerliche Behandlung von Spesenvergütungen im Lohnausweis und im Veranlagungsverfahren, in: Steuer Revue 51 (1996), S. 557 ff.

Dormond Maurice, L'instituteur et l'ordinateur, in: Der Schweizer Treuhänder 64 (1990), S. 528.

Fuisting B., Die Grundzüge der Steuerlehre, Berlin 1902.

Funk Philip, Abschreibungen auf Privatvermögen aus steuerlicher Sicht, in: Der Schweizer Treuhänder, 64 (1990), S. 111 ff.

Hangartner Yvo, Bemerkungen zur Unzulässigkeit des Abzugs sogenannter Mandatssteuern von Inhabern öffentlicher Ämter an ihre politische Partei bei der Berechnung des steuerpflichtigen Einkommens, Art. 26 Abs. 1 BdBSt bzw. Art. 22 Abs. 1 DBG, in: Aktuelle juristische Praxis 1998, S. 726 ff.

Leysinger Michael, Aktuelle Entscheide des Kantonalen Steuergerichtes Solothurn, in: Der Schweizer Treuhänder, 71 (1997), S. 827 ff.

Höhn Ernst/Waldburger Robert, Steuerrecht Bd. II, 8. Aufl., Bern 1999.

Jäger Hans-Joachim/Timmermann Lars-Olaf, Mitarbeiteraktien- und optionspläne in der Schweiz – steuerliche Behandlung, in: Steuer Revue 53 (1998), S. 318 ff.

Känzig Ernst, Die eidgenössischen Steuern, Zölle und Abgaben, Bd. 4, Wehrsteuer (Direkte Bundessteuer), 2. Aufl., I. Teil, Art. 1–44 WStB, Basel 1982.

Maute Wolfgang, Abzugsberechtigung der Fahrtkosten zwischen Wohn- und Arbeitsort, in: Steuer Revue (1989), S. 374.

Maute Wolfgang/Steiner Martin/Rufener Adrian, Steuern und Versicherung, 2. Aufl., Muri/Bern 1999.

Steinmann Gotthard, Sind Kinderbetreuungskosten Gewinnungskosten? in: Steuer Revue (1995), S. 1079 ff.

Waldburger Robert/Schmid Martin, Gewinnungskostencharakter von besonderen Leistungen des Arbeitgebers an Expatriates, Bern 1999.

Stichwortverzeichnis

Arbeitsweg 36
Arbeitszimmer, siehe auch Miete, Raumkosten 92
Ausbildungskosten 88, 126
Autopauschale 60
Autospesen 117

Bekleidungskosten 85
Berufsaufstiegskosten 88
Berufsauslagen 35
Berufsumstellungskosten 88
Berufswerkzeuge 85
Beteiligungsrechte 56
Büro, siehe auch Arbeitszimmer 37
Bussen 95

Computer, siehe auch Informatik 37, 79

Deklaration 30, 34, 35, 37, 39

Erscheinungsformen 17
Erwerbspreis, Marktwert 49
Expatriate 101, 133

Fachliteratur 37, 85
Fahrtkosten 81, 84, 123

Gehaltsnebenleistungen, Begriff/Entwicklung 16
– Entrichtung 21
– Nachteile bei der Entrichtung 27
– Übrige 20
– Vorteile bei der Entrichtung 23
Geschäftswagen 34, 45, 117, 124
Gewerkschaftsbeiträge 96
Gewinnungskosten, Begriff 75
– Definition 104
– Indizien 106
– Ursache 103
Gleichbehandlung, innerbetrieblich 27

Haushaltskosten 98

Informatik, siehe auch Computer 89

Inkonvenienzentschädigungen 37

Kaderversicherung 55
Kinderbetreuung 98
Kleider 37
Kleinspesenpauschale 61
Konventionalstrafen 95
Kost und Logis 46
Kosten der Stellensuche 98
Kostenübernahme durch Arbeitgeber 50

Lohnausweis 30, 32, 107, 121
Lohnausweis-Formular 32

Mandatssteuern 97
Marktwert 19, 34, 49
Meilengutschriften 49
Miete, siehe auch Arbeitszimmer, Raumkosten 51, 92, 101

Nachweis, siehe auch Deklaration 91
Naturalleistungen 18, 34, 44, 113

Optimierung, betriebswirtschaftliche 23
– sozialversicherungsrechtliche 25
– steuerrechtliche 26

Parteisteuern 97
Pauschalspesen 58, 116, 129
Praxis der Einschätzungsbehörde 48
Privatanteil 80, 86, 91
Privatschulunterricht 101
Propagandakosten 98
Prozesskosten 95

Quellensteuer 54, 137

Raumkosten, siehe auch Arbeitszimmer, Miete 92, 101
Reisespesen 37, 117

141

Stichwortverzeichnis

Repräsentationsspesen 58, 61, 117, 126

Schulgelder 53
Spesen 35, 37, 116
Spesenreglement 38, 63, 118, 123, 131
– Inhalt 64
– Verfahren 66
– Wirkungen 67
Sprachkenntnisse 89
Steuern, Übernahme 54
Steuerrechtliche Beurteilung 44

Übernachtungskosten 37, 126
Übernahme von Auslagen 18
Umschulungskosten 90
Umzugskosten 37, 52, 101

Verkehrsmittel 81
Verpflegungskosten 37, 47, 59, 83, 125
Versicherungsprämien 94
Versicherungsbeiträge 51, 114
Vorzugszinsen 48

Weiterbildung 79, 88
Wochenaufenthalter 93

SCHRIFTENREIHE
FINANZ-, RECHTS- UND STEUERPRAXIS

Herausgeber

Dr. iur. HSG
Wolfgang Maute
dipl. Steuerexperte,
Leiter der Rechts- und Steuerabteilung der Provida Consulting AG, Frauenfeld
Chefredaktor der Steuer Revue, Verwaltungsratsdelegierter der first.seminare.ag

lic. iur.
Hans-Peter Conrad
Rechtsanwalt,
Leiter Generalsekretariat Recht und Steuern Konzern der Rentenanstalt / Swiss Life,
Präsident der Steuerkommission Leben des Schweiz. Versicherungsverbandes (SSV)

Dr. iur. HSG
Philip Funk
Rechtsanwalt und Notar,
dipl. Steuerexperte, Partner bei Voser, Kocher, Funk und Partner,
Advokatur- und Notariatsbüro, Baden

lic. rer. pol.
Beat Walker
dipl. Steuerexperte, Sektionschef,
Hauptabteilung direkte Bundessteuer, Verrechnungssteuer, Stempelabgaben Eidg. Steuerverwaltung Bern,
Vizedirektor der Schweizerischen Akademie für Steuerlehre Zürich

Die Zielsetzung der jeweiligen Bände ist, dem Praktiker einen klaren, umfassenden und leicht verständlichen Ratgeber zu den drei zentralen Fachgebieten Finanzen, Recht und Steuern in die Hand zu geben. Durch einen jeweils systematischen Aufbau, verbunden mit zahlreichen praktischen Beispielen, tabellarischen Übersichten und hilfreichen Checklisten wird dem Benützer der Einstieg vereinfacht und damit ein unmittelbares Nachvollziehen und Umsetzen in die Praxis ermöglicht.

Die Herausgeberschaft wie auch die jeweiligen Autoren bieten aufgrund ihrer beruflichen Tätigkeit Gewähr, dass ihre Darlegungen ins Schwarze treffen.

Die Reihe wird fortgesetzt.

Schriftenreihe
FIRST
Finanz-, Rechts- und Steuerpraxis

**Band 2
Umstrukturierung und Steuern**

Beat Walker

Schriftenreihe
FIRST
Finanz-, Rechts- und Steuerpraxis

**Band 3
Mitarbeiterbeteiligung in der Paxis**

Rosmarie Knecht

Umstrukturierungen und Reorganisation werfen in der Praxis mannigfache steuerliche Fragen und Probleme auf, so z. B. bei der Gründung, Abspaltung, Umwandlung, Fusion, Übertragung, Verkauf. u. a. m. Dieser Band zeigt anhand von zahlreichen, praktischen Darstellungen und Fallbeispielen die zur Zeit gültige steuerliche Behandlung von Umstrukturierungen und die Rechtsentwicklung in diesem Fachbereich auf.

- Wie sieht die Bilanz nach der Umwandlung/Fusion aus?
- Welches sind die steuerlichen Folgen/Konsequenzen bei einer Umstrukturierung?
- Welches sind die gesetzlichen Vorschriften, die für eine steuerneutrale Umwandlung erforderlich sind?
- Welche steuerrechtlichen Probleme ergeben sich aus einer Fusion/Teilung?

Auf diese und zahlreiche weitere Fragen gibt der Ratgeber die optimale Antwort.
Der Autor bietet mit seiner breiten praktischen Erfahrung und seiner häufigen Referententätigkeit Gewähr, dass die unterschiedlichen Facetten übersichtlich und klar gegliedert dargestellt werden.

Der Autor:
lic. rer. pol. Beat Walker, dipl. Steuerexperte, Sektionschef Hauptabteilung direkte Bundessteuer, Verrechnungssteuer, Stempelabgaben Eidg. Steuerverwaltung Bern, Vizedirektor der Schweiz. Akademie für Steuerlehre Zürich

Mitarbeiterbeteiligungsprogramme haben ihren Weg aus den USA auch nach Europa und damit in die Schweiz gefunden. Der Band 3 wird dieses für uns neue Instrument in seiner Tiefe darstellen und klare, nachvollziehbare Wege aufzeigen, wie es in unseren Vergütungssystemen optimal eingesetzt werden kann.
Folgende Fragen (Themen) werden u. a. umfassend behandelt:

- Warum (Ziel und Zweck von) Mitarbeiterbeteiligungsprogrammen?
- Welche Grundlagen/Voraussetzungen sind notwendig?
- Die Vielfältigkeit der Mitarbeiterbeteiligungssysteme werden untersucht und analysiert
- Die verschiedenen Beteiligungsmodelle und deren steuerlichen und sozialabgaberechtlichen Folgen
- Behandlung von bilanzrelevanten Fragen
- Wie sieht die Gestaltung des ESOP (Employee Stock Options Plans) aus?

Auf diese und weitere interessante Fragen geht die versierte Autorin in Form von zahlreichen Anwendungsbeispielen, praktischen Anleitungen und Checklisten ein. Neben den allgemeinen Grundlagen werden anhand von Fallbeispielen diverse Gestaltungsmöglichkeiten und deren steuerlichen Auswirkungen übersichtlich und klar verständlich aufgezeigt.

Die Autorin:
Rosmarie Knecht, eidg. dipl. Controller, stv. Direktorin in der Steuerabteilung der ATAG Ernst & Young AG Zürich